NEGOCIAÇÃO COLECTIVA ATÍPICA

LIÇÃO DE AGREGAÇÃO

MARIA DO ROSÁRIO PALMA RAMALHO
Doutora em Direito
Professora agregada da Faculdade de Direito de Lisboa

NEGOCIAÇÃO COLECTIVA ATÍPICA

LIÇÃO DE AGREGAÇÃO

Elaborada nos termos e para os efeitos dos artigos 5.º c) e 8.º n.º 2 c) do Regime Jurídico do Título Académico de Agregado, estabelecido pelo Decreto-Lei n.º 239/2007, de 19 de Junho.

NEGOCIAÇÃO COLECTIVA ATÍPICA
LIÇÃO DE AGREGAÇÃO

AUTORA
MARIA DO ROSÁRIO PALMA RAMALHO

EDITOR
EDIÇÕES ALMEDINA. SA
Av. Fernão Magalhães, n.º 584, 5.º Andar
3000-174 Coimbra
Tel.: 239 851 904
Fax: 239 851 901
www.almedina.net
editora@almedina.net

PRÉ-IMPRESSÃO | IMPRESSÃO | ACABAMENTO
G.C. GRÁFICA DE COIMBRA, LDA.
Palheira – Assafarge
3001-453 Coimbra
producao@graficadecoimbra.pt

Outubro, 2009

DEPÓSITO LEGAL
301099/09

Os dados e as opiniões inseridos na presente publicação
são da exclusiva responsabilidade do(s) seu(s) autor(es).

Toda a reprodução desta obra, por fotocópia ou outro qualquer
processo, sem prévia autorização escrita do Editor, é ilícita
e passível de procedimento judicial contra o infractor.

Biblioteca Nacional de Portugal - Catalogação na Publicação

RAMALHO, Maria do Rosário Palma

Lição de agregação subordinada ao tema «negociação
colectiva atípica»
ISBN 978-972-40-3972-5

CDU   349
      331

À minha Mãe

NOTA PRÉVIA

A obra que ora se dá à estampa corresponde ao texto que serviu de base à Lição de síntese que proferimos no âmbito das provas públicas de Agregação em Direito (especialidade de Ciências Jurídicas), realizadas nos dias 13 e 14 de Julho de 2009, na Universidade de Lisboa.

O júri das provas integrou os Senhores Professores Doutores António Emílio Peixoto Vasconcelos Tavares, Diogo Leite de Campos, Guilherme Freire Falcão de Oliveira, Jorge Ferreira Sinde Monteiro, António Joaquim de Matos Pinto Monteiro, João Calvão da Silva, António Manuel da Rocha Menezes Cordeiro, Canuto Joaquim Fausto de Quadros, Pedro Nuno Tavares Romano Martinez e Luís Manuel Teles de Menezes Leitão.

A arguição da Lição esteve a cargo do Professor Doutor Pedro Romano Martinez, a quem agradecemos a apreciação atenta, crítica e construtiva, que muito contribuiu para o enriquecimento da prova.

Porque entendemos ser esse o melhor critério em trabalhos que aliam a natureza científica à índole académica, este trabalho é publicado sem outras alterações da versão original que não as inevitáveis correcções ortográficas que a revisão formal do texto impõe.

Lisboa, 20 de Setembro de 2009

MARIA DO ROSÁRIO PALMA RAMALHO

ABREVIATURAS
E OUTRAS INDICAÇÕES DE LEITURA

a) **Abreviaturas**

AA/VV	Autores vários
Ac.	Acórdão
BetrVG	Betriebsverfassungsgesetz vom 10.10.52, und vom 23. Dezember 1988 (Alem.)
BMJ	Boletim do Ministério da Justiça
CC	Código Civil
CJ	Colectânea de Jurisprudência
CRP	Constituição da República Portuguesa
CT	Código do Trabalho
CT de 2003	Código do Trabalho de 2003
Dalloz	Recueil périodique et critique de jurisprudence, de législation et de doctrine (Paris)
DB	Der Betrieb. Wochenschrift für Betriebswirtschaft, Steuerrecht, Wirtschaftrecht, Arbeitsrecht. (Düsseldorf)
Dir.	Directiva comunitária
DL	Decreto-Lei
DLav.	Il Diritto del Lavoro. Rivista di dottrina e di giurisprudenza (Roma)
DLRI	Giornale di diritto del lavoro e delle relazioni industriale (Milano)
DR	Diário da República
Droits	Droits – Revue Française de Théorie Juridique (Paris)
DS	Droit Social (Fr.)
Enc.Dir.	Enciclopedia del Diritto (Milano)
ESC	Estudos Sociais e Corporativos (Lisboa)
ET	Estatuto de los Trabajadores (Espanha)
Fest.	Festschrift
GG	Grundgezetz von 23. mai 1949 (Alemanha)
Hrsg.	coordenação

ILR	International Labour Review (Genève)
L	Lei
Lav.Dir.	Lavoro e diritto (Bologna)
LCCG	Regime Jurídico das Cláusulas Contratuais Gerais
LComT	Regime Jurídico das Comissões de Trabalhadores
LCT	Regime Jurídico do Contrato de Trabalho
LRCT	Regime Jurídico das Relações Colectivas de Trabalho
Noviss.DI	Novissimo Digesto Italiano
NZA	Neue Zeitschrift für Arbeitsrecht (München)
Proc.	Processo
QL	Questões Laborais
RC	Tribunal da Relação de Coimbra
RCT	Regulamentação do Código do Trabalho
RdA	Recht der Arbeit. Zs. f. die Wissenschaft u. Praxis des gesamten Arbeitsrechts (München)
RDES	Revista de Direito e Estudos Sociais (Lisboa)
Rel.Lab.	Relaciones Laborales. Revista Critica de Teoria e Pratica (Madrid)
RFDUL	Revista da Faculdade de Direito da Universidade de Lisboa
RIDL	Rivista italiana di diritto del lavoro (Milano)
RivDL	Rivista di diritto del lavoro (Milano)
RLx	Tribunal da Relação de Lisboa
RP	Tribunal da Relação do Porto
STJ	Supremo Tribunal de Justiça
TC	Tribunal Constitucional
TVG	Tarifvertragsgesetz (Alemanha)
ZfA	Zeitschrift fûr Arbeitsrecht (Köln)

b) **Outras indicações de leitura**

Na primeira citação, as obras são identificadas pelo nome completo do autor, título integral (e, quando se trate de contributo para obra colectiva ou para publicação periódica, autor coordenador, quando exista, e título da obra colectiva ou abreviatura da publicação em questão), volume, edição, local de publicação, data e, tratando-se de escrito inserido em obra colectiva ou publicação periódica, a primeira e última páginas; nas citações seguintes, as obras são referidas pelo nome abreviado do autor e pela primeira ou primeiras palavras do título, quer se trate de monografas, manuais e comentários, artigos em publicações periódicas ou contributos para obras colectivas.

Excepto nos casos em que se generalizaram outros critérios de citação, na referência de publicações periódicas são indicados, sucessivamente, o ano, o número e as páginas.

De acordo com o critério que consideramos mais adequado em obras desta natureza, as transcrições são sempre feitas na língua original.

A utilização de itálicos em texto não se limita às palavras noutras línguas e a latinismos, mas pode servir também para destacar uma ideia ou expressão.

As remissões para outros pontos do texto, feitas em nota de rodapé, indicam sucessivamente o parágrafo, o número arábico, o número romano e, sendo o caso, o número da nota que se pretende.

PARTE I

SUMÁRIO DA LIÇÃO

§ 1.º
Considerações preliminares

1. Objecto e enquadramento curricular da lição

I. Nos termos do art. 5.º c) do DL n.º 239/2007, de 19 de Junho, que estabelece o regime jurídico do título académico de agregado, as provas de agregação incluem «um seminário ou lição dentro do âmbito do ramo do conhecimento ou especialidade em que são prestadas as provas, e sua discussão». Por seu turno, o art. 8.º n.º 2 c) do mesmo diploma estabelece que o requerente das referidas provas deve entregar um «sumário pormenorizado do seminário ou lição».

O presente documento dá cumprimento a essa exigência legal.

II. A Lição que vamos proferir subordina-se ao tema «*Negociação colectiva atípica*». Como o título indica, trata-se de um tema de Direito do Trabalho, área do conhecimento jurídico que, na Faculdade de Direito da Universidade de Lisboa, é estudada no âmbito do Grupo de Ciências Jurídicas.

Com esta escolha, fica assim cumprido o requisito legal de circunscrição do tema objecto da Lição ao ramo do conhecimento jurídico no âmbito do qual são requeridas as provas de agregação.

III. Na nossa Escola e de acordo com o plano de estudos do Curso de Licenciatura em Direito, que se encontra actualmente em vigor, as disciplinas de *Direito do Trabalho I* e *Direito do Trabalho II* são leccionadas no 4.º e último ano do Curso, respectivamente no 1.º e no 2.º semestres.

Tendo em conta a divisão tradicional do Direito do Trabalho nas áreas temáticas do *direito das situações laborais individuais* e do *direito das situações laborais colectivas*[1], a presente Lição versa um tema de direito laboral colectivo. Assim, ela poderá ser leccionada no âmbito da disciplina de *Direito do Trabalho I* ou da disciplina de *Direito do Trabalho II* consoante as matérias do direito das situações laborais colectivas sejam integradas numa ou noutra dessas disciplinas[2].

Em qualquer caso, a Lição destina-se hipoteticamente a alunos que se encontram na fase final do primeiro ciclo dos seus estudos jurídicos universitários.

2. Justificação da escolha do tema da lição e da sua orientação metodológica

I. Interpretamos a expressão legal «lição», no contexto destas provas, como um desafio a produzir uma reflexão de síntese sobre um assunto ou um problema com interesse científico em determinada área do conhecimento jurídico.

II. A escolha do tema desta Lição e o plano da mesma pretenderam privilegiar algumas das coordenadas metodológicas do ensino jurídico universitário que reputamos mais importantes[3]. Estas coordenadas são as seguintes:

---

[1] Por todos, quanto a esta divisão sistemática das áreas regulativas do direito laboral, *vd* M. R. PALMA RAMALHO, *Direito do Trabalho*, Parte I – *Dogmática Geral*, Coimbra, 2005, 30 ss.

[2] A dificuldade acrescida de acantonar o tema da nossa lição no âmbito da disciplina de *Direito do Trabalho I* ou da disciplina de *Direito do Trabalho II* decorre, obviamente, da semestralização da disciplina de Direito do Trabalho, que era tradicionalmente na nossa Escola uma disciplina com uma carga lectiva anual. Tendo em conta que a semestralização permite diversas combinações das matérias, pode a matéria do direito das situações laborais colectivas, na qual se insere o tema desta lição, ser leccionada no âmbito da disciplina de *Direito do Trabalho I* (1.º semestre), logo após a leccionação das matérias da dogmática geral do Direito do Trabalho, mas pode também, em combinação mais tradicional, ser situada na disciplina do *Direito do Trabalho II* (2.º semestre), se a opção programática for leccionar as matérias do direito das situações laborais individuais antes dos temas do direito das situações laborais colectivas, que serão então tratados no 2.º semestre. Sobre as várias opções programáticas possíveis nesta matéria e já prevendo a semestralização da disciplina de *Direito do Trabalho*, pode ver-se M. R. PALMA RAMALHO, *Perspectivas Metodológicas de Direito do Trabalho. Relatório*, Coimbra, 2005, 247 e 250.

Sumário Pormenorizado 17

i) *A dimensão problematizante do ensino jurídico universitá-rio.* O ensino universitário do Direito (e, segundo cremos, todo o ensino universitário) deve privilegiar uma abordagem problematizante das matérias sobre uma perspectiva meramente expositiva das mesmas, já que é aquela abordagem que mais contribui para a formação do pensamento jurídico. O tema da negociação colectiva atípica presta-se especialmente a esta abordagem porque corresponde a uma matéria pouco tratada e dogmaticamente não consolidada, o que deixa margem a um amplo grau de problematização.

ii) *A abertura a temas novos e actuais no universo jurídico em questão.* Todo o ensino universitário deve ser receptivo ao estudo de novos problemas. A negociação colectiva atípica é um fenómeno laboral novo mas de importância crescente, pelo que se impõe proceder ao seu tratamento dogmático.

iii) *A ligação à vida prática através do estudo do caso.* O ensino universitário do Direito tem uma dimensão tópica incontornável, porque deve atentar nos problemas da Vida e procurar fornecer aos alunos o instrumentário técnico necessário à resolução desses mesmos problemas. O tema da negociação colectiva atípica permite explorar esta dimensão tópica, uma vez que se trata de um fenómeno que tem cada vez mais exemplos práticos e que suscita diversos problemas, aos quais urge dar o devido enquadramento jurídico.

iv) *A necessidade de construção dogmática.* A dimensão dogmática do ensino do Direito é indispensável, no sentido em que se impõe o apelo constante aos quadros axiológicos de referência que subjazem ao sistema normativo e são inspiradores e legitimadores das soluções jurídicas. Sendo de valia geral, a dimensão dogmática do pensamento jurídico é especialmente importante como recurso para ultrapassar as insufi-

---

[3] Para uma justificação mais completa destas coordenadas metodológicas, *vd* ROSÁRIO PALMA RAMALHO, *Perspectivas Metodológicas...cit.*, 261 ss., e ainda M. R. PALMA RAMALHO, *Direito Social da União Europeia. Relatório*, Coimbra, 2009, 133 s. Estas coordenadas metodológicas, cuja valia sustentámos no contexto do ensino das matérias do Direito do Trabalho e do Direito Social da União Europeia, são naturalmente adequadas a esta lição em particular.

ciências do quadro normativo para resolver os problemas que se lhe colocam. Ora, não sendo o fenómeno da negociação colectiva atípica previsto na lei (é, aliás, essa a razão da sua atipicidade), o seu estudo permite exercitar em pleno a dimensão dogmática do pensamento jurídico.

Tanto na planificação da Lição como ao longo do seu desenvolvimento, tentaremos manter-nos fiéis a estas coordenadas.

§ 2.º
Sumário

§ 1.º
Introdução

1. Contextualização do tema da Lição
2. Apresentação geral do fenómeno da negociação colectiva atípica
3. Importância do fenómeno da negociação colectiva atípica e justificação da sua escolha como tema da Lição
4. Problemas dogmáticos colocados pela negociação colectiva atípica (enunciado) e sequência da Lição

§ 2.º
Surgimento e delimitação geral da negociação colectiva atípica

5. Quadro de surgimento da negociação colectiva atípica (excurso)
   5.1. Surgimento e delimitação geral da contratação colectiva
   5.2. Panorama actual da contratação colectiva
6. Desenvolvimento e caracterização geral da negociação colectiva atípica
   6.1. O desenvolvimento da negociação colectiva atípica como forma de ultrapassar os impasses na contratação colectiva tradicional
   6.2. Conceptualização dos fenómenos de negociação colectiva atípica e de acordo colectivo atípico (conclusões)

§ 3.º
Problemas dogmáticos da negociação colectiva atípica

7. O problema da admissibilidade da negociação colectiva não sindical
   7.1. Posicionamento do problema em face do ordenamento jurídico nacional
   7.2. Entendimentos possíveis: apresentação e apreciação crítica
   7.3. Posição adoptada
8. O problema dos parceiros negociais do acordo colectivo atípico
   8.1. A representação dos trabalhadores na negociação colectiva atípica pela comissão de trabalhadores: problemas colocados
   8.2. O problema da personalidade jurídica da comissão de trabalhadores
   8.3. O problema da capacidade da comissão de trabalhadores para a outorga do acordo colectivo atípico
9. O problema dos efeitos do acordo colectivo atípico na situação juslaboral dos trabalhadores da empresa
   9.1. Enunciado do problema
   9.2. Posição adoptada
   9.3. Os limites da vinculação dos trabalhadores pelo acordo colectivo atípico
10. O problema das fontes: o acordo colectivo atípico, a lei e os instrumentos de regulamentação colectiva do trabalho em sentido próprio
    10.1. O acordo colectivo atípico e a lei: possibilidade de afastamento da lei pelo acordo colectivo atípico?
    10.2. O acordo colectivo atípico e os instrumentos de regulamentação colectiva do trabalho tradicionais
11. O problema da natureza jurídica do acordo colectivo atípico
    11.1 O acordo colectivo atípico como fonte laboral
    11.2. O acordo colectivo atípico enquanto contrato

§ 4.º
Conclusões gerais

PARTE II

DESENVOLVIMENTO DA LIÇÃO

§ 1.º
Introdução

1. Contextualização do tema da Lição. 2. Delimitação geral do fenómeno da negociação colectiva atípica. 3. Importância do fenómeno da negociação colectiva atípica e justificação da sua escolha como tema da Lição. 4. Problemas dogmáticos colocados pela negociação colectiva atípica (enunciado) e sequência da Lição

1. Contextualização do tema da Lição

A Lição que vamos proferir versa o tema da *negociação colectiva atípica.*

Trata-se, como o título indica, de um tema de Direito do Trabalho, disciplina colocada, de acordo com o plano de estudos em vigor na nossa Escola, no 4.º e último ano do Curso de Licenciatura em Direito. Esta Lição é, pois, hipoteticamente, dirigida a alunos que se encontram na fase final do primeiro ciclo dos seus estudos jurídicos universitários.

A leccionar na disciplina de Direito do Trabalho I ou II, o tema que nos vai ocupar situa-se, mais concretamente, na área das situações juslaborais colectivas[1], e, nesta área regulativa, é um tema de negociação colectiva[2].

---

[1] Sobre esta divisão sistemática das áreas regulativas do direito laboral, *vd*, por todos, M. R. PALMA RAMALHO, *Direito do Trabalho, cit.,* I, 30 ss.; para mais desenvolvimentos sobre a estruturação desta área jurídica em torno destes grandes eixos e, originariamente, também em torno das questões das condições de trabalho, também M. R. PALMA RAMALHO, *Perspectivas Metodológicas ..., cit.,* 44 ss., e ainda *Da Autonomia Dogmática do Direito do Trabalho,* Coimbra, 2001, 50 ss., 132 e 189 ss.

[2] A colocação deste tema nas disciplinas de *Direito do Trabalho I* ou de *Direito do Trabalho II* depende, obviamente, do modo como as matérias correspondentes ao direito das

Contudo, deve, desde já, ficar claro que a apreciação deste tema pressupõe o conhecimento prévio das matérias gerais da negociação e da contratação colectiva, uma vez que a negociação colectiva atípica e o acordo que dela emerge constituem um desvio em relação à negociação colectiva comum e aos instrumentos de regulamentação colectiva do trabalho tradicionais. Dito de outra forma, o tema da negociação colectiva atípica deve ser o último tema de negociação colectiva a estudar e supõe a familiaridade dos destinatários com as restantes matérias da negociação colectiva.

As reflexões que se seguem assentam neste pressuposto didáctico.

2. Delimitação geral do fenómeno da negociação colectiva atípica

À designação *negociação colectiva atípica* subjaz uma prática de fixação das condições de trabalho de um modo uniforme para um determinado conjunto de trabalhadores. Esta prática caracteriza-se por quatro traços essenciais:

i) Do ponto de vista do seu desenvolvimento, esta prática envolve um processo negocial que se aproxima da negociação conducente à celebração de uma convenção colectiva de trabalho, tal como é prevista na lei laboral.

ii) Do ponto de vista substancial, esta prática visa a celebração de um acordo cujo conteúdo é semelhante ao de uma convenção colectiva de trabalho em sentido próprio. Tal como sucede com as convenções colectivas de trabalho em sentido estrito, este acordo – que convencionamos designar como *acordo colectivo atípico*, deixando um pouco mais para a frente a justificação desta designação – não contém apenas cláusulas relativas aos direitos e deveres das partes outorgantes, mas dispõe globalmente sobre as condições de trabalho de um determinado universo de trabalhadores.

---

situações juslaborais individuais e ao direito das situações laborais colectivas sejam distribuídas pelas duas cadeiras. Remetemos para as observações que, a este propósito, fizemos no Sumário Pormenorizado da Lição.

iii) Do ponto de vista da eficácia, o acordo colectivo atípico impõe-se às partes, nos termos gerais, mas parece também impor-se aos trabalhadores e aos empregadores no âmbito dos respectivos vínculos laborais, que passam assim a reger-se por ele.

iv) Por fim, do ponto de vista dos parceiros negociais (ou seja, numa perspectiva subjectiva), a negociação colectiva atípica e o acordo dela resultante são protagonizados por um empregador e por representantes dos trabalhadores que não são associações sindicais. Assim, o acordo colectivo atípico é elaborado e outorgado à margem das entidades que tradicionalmente representam os trabalhadores para efeitos da contratação colectiva e que, em alguns sistemas (como é o caso português), constituem mesmo a única entidade formalmente legitimada para esse efeito (art. 56.º n.º 3 da CRP e arts. 2.º n.º 2 e 477.º a) do CT[3]). Na prática, os acordos colectivos atípicos são normalmente outorgados pelas comissões de trabalhadores.

Acresce, como aspecto final a ter em conta nesta primeira apresentação do fenómeno que nos vai ocupar, que esta forma de negociação colectiva e o acordo dela resultante não são previstos na lei – daí a designação *negociação colectiva atípica*, que escolhemos para titular esta Lição, e a denominação *acordo colectivo atípico*, que vamos também utilizar ao longo da Lição.

3. Importância do fenómeno da negociação colectiva atípica e justificação da sua escolha como tema da Lição

A negociação colectiva atípica e a celebração de acordos colectivos atípicos correspondem a uma prática recente na história do direito do trabalho, tanto em Portugal como noutros países. O exemplo

---

[3] Reportamo-nos à regulamentação desta matéria no novo Código do Trabalho, aprovado pela L. n.º 7/2009, de 12 de Fevereiro (e que, de ora em diante será referido, de uma forma simples, pela sigla CT). Sempre que nos referirmos a regimes constantes do Código do Trabalho de 2003, utilizaremos a sigla CT de 2003.

nacional mais conhecido desta prática é o dos acordos colectivos da Autoeuropa, que se celebram desde há alguns anos, sendo apontados como uma experiência de sucesso.

Apesar de recentes, as práticas de negociação colectiva atípica vêm-se expandindo e os acordos colectivos atípicos abrangem hoje universos relevantes de trabalhadores[4]. Por outro lado, estes acordos têm contribuído para prosseguir vectores axiológicos importantes do direito laboral, como a uniformização mínima das condições de trabalho no seio das empresas, a estabilização das relações colectivas de trabalho através da obtenção dos adequados compromissos entre os interesses dos trabalhadores e os interesses de gestão, a adaptação dos regimes laborais a conjunturas económicas menos favoráveis e, obviamente, a paz social.

A importância prática crescente da negociação colectiva atípica e dos acordos colectivos atípicos e os objectivos que eles têm logrado atingir comprovam o relevo do nosso tema e justificam, por si só, uma reflexão científica sobre ele. Acresce que, tanto em Portugal como noutros países, estas práticas desafiam o tradicional monopólio sindical da contratação colectiva[5]. Por fim, estes fenómenos colocam diversos problemas dogmáticos, que não foram até agora objecto de um tratamento minimamente aprofundado na nossa doutrina.

Foi o conjunto destes problemas, aliado à novidade do fenómeno, mas conjugada esta com a sua rápida difusão e com o seu aparente sucesso, que justificaram a escolha do tema da negociação colectiva atípica como objecto desta Lição. Por outras palavras, sendo as práticas de negociação colectiva atípica e de celebração de acordos colectivos atípicos fenómenos da Vida que se têm vindo a impor ao Direito, a Ordem Jurídica deve proceder ao seu enquadramento e procurar resolver os problemas por eles suscitados.

A reflexão que se segue pretende ser um contributo nesse sentido.

---

[4] Apenas para ilustrar a dimensão do fenómeno, recorde-se que a Autoeuropa Portugal tem um universo de 2990 trabalhadores directos, de acordo com os dados disponíveis em *www.autoeuropa.pt* e reportados ao ano de 2007.

[5] Esta ideia de «monopólio sindical» decorre do facto de o direito de contratação colectiva ser atribuído, por via de regra, apenas às associações sindicais. Teremos oportunidade, mais à frente, de apreciar esta questão, com particular referência ao sistema nacional.

Introdução 27

Como última nota introdutória, deve dizer-se que, embora os fenómenos de negociação colectiva atípica também tenham expressão noutros contextos jurídicos, vamos perspectivá-los estritamente na óptica do direito nacional, uma vez que, no nosso país, estes fenómenos se difundiram por força das características do sistema nacional de contratação colectiva e colocam problemas muito específicos em face desse mesmo sistema.

Esta Lição assume-se, pois, como uma reflexão sobre um tema de direito laboral nacional. Nesta perspectiva, as referências de direito comparado que formos fazendo devem ser entendidas como meramente ilustrativas.

4. Problemas dogmáticos colocados pela negociação colectiva atípica (enunciado) e sequência da Lição

Fixado genericamente o tema da Lição, cabe indicar a sua sequência, a propósito da qual se deixam, desde já, enunciados os problemas dogmáticos suscitados pela negociação colectiva atípica e pelos acordos colectivos atípicos.

Em moldes simples, vamos desenvolver a Lição em duas partes:

i) A primeira parte da Lição destina-se a posicionar historicamente o fenómeno da negociação colectiva atípica. Sendo a dimensão histórica absolutamente indispensável ao pensamento jurídico e, verdadeiramente, uma condição geral e *sine qua non* para a compreensão do quadro jurídico hodierno[6], no caso da negociação colectiva atípica a pesquisa das suas origens impõe-se pelo facto de este fenómeno surgir à margem de um quadro normativo que, aparentemente o dispensaria, porque já contempla instrumentos jurídicos vocacionados para a mesma função.

---

[6] R. DE ALBUQUERQUE, *História do Direito Português. Relatório,* RFDUL, 1985, XXVI, 105-256, e M. DE ALBUQUERQUE, *História das Instituições. Relatório sobre o programa, conteúdos e métodos de ensino (Relatório do concurso para Professor Catedrático),* RFDUL, 1984, XXV, 101-192 (*maxime,* 111 ss.).

Evidentemente, sendo pressuposto do nosso tema que a matéria da negociação colectiva tradicional e dos instrumentos de regulamentação colectiva do trabalho comuns já é conhecida, prescindimos de grandes desenvolvimentos nesta parte da Lição, uma vez que o nosso objectivo é apenas contextualizar o fenómeno da negociação colectiva atípica.

Feito este enquadramento histórico, cabe, ainda nesta primeira parte da lição, apresentar alguns exemplos de práticas de negociação colectiva atípica, com o objectivo de nos inteirarmos da real dimensão do fenómeno. Após esta apresentação, estaremos aptos a delimitar, em definitivo, o fenómeno da negociação colectiva atípica.

ii) A segunda parte da Lição destina-se a estudar os problemas dogmáticos colocados pela negociação colectiva atípica e pelo acordo colectivo atípico. Estes problemas são, em síntese, os seguintes:

– o problema da admissibilidade da negociação colectiva atípica e dos acordos colectivos atípicos perante o quadro normativo nacional em matéria de contratação colectiva;

– o problema dos parceiros negociais do acordo colectivo atípico, designadamente por parte dos trabalhadores;

– o problema da eficácia do acordo colectivo atípico nos contratos de trabalho do universo de trabalhadores a que, aparentemente, se destina;

– o problema da relação entre o acordo colectivo atípico e as fontes laborais;

– e, por último (de acordo com a orientação metodológica que consideramos mais adequada), o problema da natureza jurídica do acordo colectivo atípico, *verbi gratia* respondendo à questão de saber se estes acordos constituem ou não uma (nova) fonte de Direito do Trabalho.

Naturalmente, a Lição encerrará com a apresentação de algumas conclusões gerais sobre o tema.

§ 2.º
Surgimento e Delimitação Geral
da Negociação Colectiva Atípica

5. Quadro de surgimento da negociação colectiva atípica

Para podermos compreender e caracterizar o fenómeno da negociação colectiva atípica, que ocupa o centro das nossas reflexões, cabe proceder a duas observações de contextualização:

i) De uma parte, impõem-se umas brevíssimas referências à contratação colectiva em geral, uma vez que, como oportunamente observámos, os acordos colectivos atípicos se desenvolvem exactamente como desvios à contratação colectiva comum ou tradicional; naturalmente, nestas referências limitamo-nos a recordar os traços essenciais da contratação colectiva, para depois avaliarmos se e até que ponto a negociação colectiva atípica deles se afasta.

ii) De outra parte, cabe uma curta referência ao panorama actual da contratação colectiva no sistema português, uma vez que a negociação colectiva atípica é um fenómeno moderno, que se desenvolve exactamente neste contexto.

5.1. Surgimento e delimitação geral da contratação colectiva (excurso): I. O surgimento e a razão de ser da negociação colectiva; II. O protagonismo sindical na contratação colectiva; III. O conteúdo da convenção colectiva de trabalho; IV. A eficácia da convenção colectiva de trabalho nos contratos de trabalho

I. Como é sabido, a contratação colectiva surgiu, em meados do século XIX[7], como forma de compensar a debilidade dos trabalhadores subordinados na determinação das suas condições laborais ao nível do contrato de trabalho[8].

Através deste mecanismo, os trabalhadores – cuja posição de igualdade e de liberdade no contrato de trabalho se vinha revelando cada vez mais ilusória, dada a sua fraqueza económica em face do empregador[9] – optam por constituir entidades representativas dos

---

[7] Nos diversos sistemas, a celebração de convenções colectivas de trabalho é fixada pelos autores desde meados do séc. XIX, logo, muito antes de qualquer previsão legal, que, aliás, nesta matéria não surge antes do séc. XX. Sobre o ponto, quanto ao sistema germânico, P. Lotmar, *Die Tarifverträge zwischen Arbeitgebern und Arbeitnehmer, in* J. Rückert (Hrsg.), *Philipp Lotmar Shriften zu Arbeitsrecht, Zivilrecht und Recthsphilosophie,* Frankfurt am M., 1992... *cit,* 431-554 (*maxime* 433 e 548), ou H. Mengel, *Tarifautonomie und Tarifpolitik, in* D. Boewer / B. Gaul (Hrsg.), *Fest. Dieter GAUL,* Berlin, 1992, 407-427 (411 s.); quanto ao sistema francês, por exemplo, G. Scelle, *Le droit ouvrier – Le Droit ouvrier – Tableau de la législation française actuelle,* 2.ª ed., Paris, 1929, 64, e J. Le Goff, *La naissance des conventions collectives,* Droits, 1990, 12, 67-79 (68), que reconhece a existência de convenções colectivas desde 1830; quanto ao sistema belga, G. Magrez-Song, *Le droit conventionnel du travail, in* AA/VV, *Liber Amicorum Frédéric Dumon,* I, Antwerpen, 1983, 597-611 (597); e quanto ao sistema italiano, L. Riva Sanseverino, *Contratto colletivo di lavoro,* Enc.Dir., X (1962), 55-77 (56).

[8] H. Sinzheimer, *Grundzüge des Arbeitsrecht,* 2.º ed., Jena, 1927, 67.

[9] Denunciando o carácter meramente formal dos princípios da igualdade e da liberdade contratual quando aplicados ao trabalhador e ao empregador de oitocentos, pela circunstância de a debilidade económica do primeiro perante o segundo o impedir, na prática, de discutir as suas condições contratuais, entre muitos outros, U. Preis, *Perspektiven der Arbeitsrechtswissenschaft,* RdA, 1955, 6, 333-343 (333 e 338 s.), W. Hrodmaka, *Arbeitsordnung und Arbeitsverfassung,* ZfA, 1979, 203-218 (204), F. Santoro-Passarelli, *Specialità del diritto del lavoro, in Studi in Memoria de Túlio Ascarelli,* IV, Milano, 1969, 1975-1994 (1985 s.), Scelle, *Le droit ouvrier...cit.,* 3, e, no panorama doutrinal nacional da época, A. Lima, *O Contrato de Trabalho,* Lisboa, 1909, 113 s., 153 e 158, ou L. Cunha Gonçalves, *A Evolução do Movimento Operário,* Lisboa, 1905, 40 s.

Surgimento e Delimitação Geral da Negociação Colectiva Atípica 31

seus interesses (as associações de classe ou sindicatos)[10] e «transferem» para essas entidades a tarefa de negociação das suas condições de trabalho. Desta negociação emergem – aqui sim em condições negociais de igualdade e de liberdade, uma vez que as associações representativas dos trabalhadores não são economicamente dependentes dos seus interlocutores negociais – regimes laborais uniformes para as várias categorias de trabalhadores[11].

É o surgimento da convenção colectiva de trabalho. Esta figura, que começou por se disseminar à margem dos sistemas normativos e foi como tal praticada e aceite durante décadas (correspondendo nessa medida a um verdadeiro costume *praeter legem*[12]), acabou, de uma forma lenta mas inexorável, por se impor no universo jurídico[13].

II. Desde os seus primórdios, a negociação colectiva constituiu o domínio de actuação por excelência das associações sindicais – a par, naturalmente, da intervenção destas estruturas nos fenómenos laborais de conflito, *maxime* na greve. São pois as associações sindicais que, em representação dos trabalhadores seus associados, lideram o processo de negociação colectiva e outorgam as convenções colectivas de trabalho com os empregadores ou com as associações de empregadores.

---

[10] Por todos, sobre a origem e a evolução do movimento sindical, M. PINTO, *Liberdade e Organização Sindical* (copiogr., UCP), Lisboa, s.d., 5 ss.

[11] Como observa H. FENN, *Die Grundsatz der Tarifeinheit, in* M. HEINZE / A. SÖLLNER (Hrsg.), *Arbeitsrecht in der Bewährung, Fest. für Otto Rufolf KISSEL,* München, 1994, 213-237 (213), o primeiro objectivo histórico das convenções colectivas foi a uniformização das condições de trabalho num dado universo de trabalhadores ou empresarial. Tal objectivo mantêm-se como um princípio geral até hoje.

[12] ROSÁRIO PALMA RAMALHO, *Direito do Trabalho cit.*, I, 230.

[13] Na verdade, tal como sucedeu com a maioria dos fenómenos laborais colectivos, a convenção colectiva de trabalho surgiu à margem do ordenamento jurídico e, até, em certa medida, contra o espírito desse ordenamento: ela surgiu à margem do ordenamento jurídico porque a prática de celebração de convenções colectivas de trabalho é muito anterior à sua previsão legal, como acima se referiu; e desenvolveu-se contra o espírito desse ordenamento, porque o sistema jurídico privado de oitocentos, fundado no individualismo liberal, é pouco receptivo a fenómenos colectivos em geral e a fenómenos de associativismo classista em particular, como foi o caso do associativismo sindical, que constituiu o suporte social da contratação colectiva – para mais desenvolvimentos sobre este ponto, que não cabe aqui desenvolver, *vd* ROSÁRIO PALMA RAMALHO, *Da Autonomia Dogmática…cit.*, 48 ss. Em qualquer caso, com mais ou menos conflitualidade social e mau grado a inicial desconfiança da Ordem Jurídica, a prática da celebração de convenções colectivas de trabalho acabou por se impor ao Direito.

32 Negociação Colectiva Atípica

O protagonismo das associações sindicais na negociação colectiva acabou por levar ao reconhecimento formal destas associações como parceiros dos empregadores na contratação colectiva. Como é sabido, na maioria dos sistemas jurídicos a competência das associações sindicais para intervirem neste domínio é até, tradicionalmente, uma competência exclusiva – é o denominado princípio do monopólico sindical na contratação colectiva[14], apenas matizado moderna-

---

[14] Assim sucede classicamente em países como a França (arts. L. 2231-1 e L. 2132-2 do *Code du travail*), onde a doutrina se refere expressamente ao direito de contratação colectiva como uma prerrogativa exclusiva das associações sindicais – neste sentido, embora ainda com reporte ao anterior *Code du travail*, que consagrava disposições idênticas, por exemplo, R. VATINET, *La négociation au sein du comité d'entreprise*, DS, 1982, 11, 675-677 (675) ou J. SAVATIER, *Accords d'entreprise atypiques*, DS, 1985, 3, 188-193 (188); é também o caso do sistema italiano, onde o monopólio sindical da contratação colectiva assenta directamente na Constituição (art. 39.º n.º 1) – sobre o tema, na doutrina italiana, B. CARUSO / L. ZAPPALÀ *The Evolving Structure of Collective Bargaining in Europe 1990 – 2004. Research Project Research Project Co-financed by the European Commission and the University of Florence (VS/2003/0219-SI2.359910)*, *National Report Italy*, Firenze, 2005, 7 (http://prints.unifi.it/archive/00001174/).

No panorama europeu, excepção ao monopólio das associações sindicais na contratação colectiva é o sistema germânico, no âmbito do qual cabe distinguir entre contratos colectivos de trabalho (*Tarifverträge*) e acordos de empresa (*Betriebsvereinbarungen*): os *Tarifverträge* assentam no direito constitucional de associação profissional e no princípio da autonomia colectiva (art. 9.º § 3.º da Constituição alemã) e são regulados pela *Tarifvertragsgesetz* (TVG), sendo outorgados por associações sindicais e por empregadores, *per se*, ou através das respectivas associações (§ 2.º Abs. 1 da TVG); os *Betriebsvereinbarungen*, cuja origem histórica parece estar na figura tradicional dos regulamentos de empresa ou *Arbeitsordnung* (W. HRODMAKA, *Arbeitsordnung und Arbeitsverfassung cit.*, 213), são acordos colectivos celebrados ao nível da empresa e outorgados pela comissão de trabalhadores (*Betriebsrat*), assentando no direito de cogestão, e sendo regulados no § 77 da *Betriebsverfassungsgesetz* (BetrVG); um e outro tipo de instrumentos regulam matérias laborais diferentes (sobre o ponto, por exemplo, D. NEUMANN, *Tarif- und Betriebsautonomie*, RdA, 1990, 5, 257-261, ou H. KONZEN, *Privatrechtssystem und Betriebsverfassung, in* D. BICKEL / W. HADDING / V. JANKE / G. LÜKE, *Recht und Rechterkenntnis. Fest. für Erns WOLF*, Köln – Berlin – Bonn – München, 1985, 279-307). Também em Espanha, a competência para a celebração de convenções colectivas de trabalho, na modalidade dos acordos de empresa, não é exclusiva das associações sindicais, mas estende-se às comissões de trabalhadores (art. 87.º n.º 1 do *Estatuto de los Trabajadores*, aprovado pelo Real Decreto de Legislativo 1/1995, de 24 de Março), mas nas convenções colectivas de trabalho de âmbito superior a legitimidade negocial é exclusiva das associações sindicais (art. 87.º n.º 2 do ET) – sobre esta competência partilhada entre as associações sindicais e as comissões de trabalhadores em Espanha, *vd*, por todos,

Surgimento e Delimitação Geral da Negociação Colectiva Atípica 33

mente, em alguns países, por soluções de abertura limitada à intervenção de outras entidades na negociação colectiva[15], pela tendência de condicionamento da competência das associações sindicais para a elaboração de convenções colectivas de trabalho (ou, noutra perspectiva, para condicionamento da eficácia geral dessas convenções) por requisitos de representatividade mínima das estruturas sindicais[16],

---

A. OJEDA AVILÉS, *The Evolving Structure of Collective Bargaining in Europe 1990 – 2004. Research Project Research Project Co-financed by the European Commission and the University of Florence (VS/2003/0219-SI2.359910), National Report Spain*, Firenze, 2005, 2 e 8 (http://prints.unifi.it/archive/00001174/). Fora do panorama europeu, a atribuição do direito de contratação colectiva às associações sindicais, em exclusivo, é também a regra – assim sucede, por exemplo, no sistema jurídico brasileiro (art. 611.º da Consolidação das Leis do Trabalho).

[15] Assim, em França, foi admitida pela L. de 12 de Novembro de 1996 e pela L. de 4 de Maio de 2004, a representação não sindical dos trabalhadores na negociação colectiva de nível empresarial, apenas a título subsidiário, na ausência de associações sindicais ou de delegados sindicais (artigos L. 2232-17 e L. 2232-21 L. 2232-23, L. 2232- 25 do novo *Code du travail*), mas trata-se ainda de um processo totalmente controlado pelas associações sindicais, uma vez que tal competência apenas surge quando prevista nas convenções colectivas de sector de actividade ou profissional e os acordos colectivos que daqui resultem carecem de ser posteriormente validados por uma comissão paritária da área de actividade (também prevista no *accord de branche*), considerando-se não escritos no caso de faltar tal aprovação (art. L. 2232-24) ou de não serem referendados pelos trabalhadores (L. 2232-27) – sobre o ponto, *vd*, por todos, M.-A. MOREAU, *The Evolving Structure of Collective Bargaining in Europe 1990 – 2004. Research Project Research Project Co-financed by the European Commission and the University of Florence (VS/2003/0219-SI2.359910), National Report France*, Firenze, 2005, 43 ss. (http://prints.unifi.it/archive/00001174/).

[16] É o que sucede ainda em França, com a instituição de exigências de representatividade mínima das associações sindicais como condição da eficácia *erga omnes* das convenções colectivas de trabalho (*L. du 4 mai 2004*, em alteração ao *Code du travail*): assim, embora vigore um princípio de eficácia geral das convenções colectivas de trabalho, a validade e a aplicação de uma convenção colectiva pode ser impedida através do exercício de um direito de oposição à mesma pelas associações sindicais representativas da maioria dos trabalhadores do sector em causa – é a denominada *opposition majoritaire*, prevista nos artigos L. 2231-8, L. 2232-2 e art. L. 2232-7 do *Code du travail*, respectivamente para as convenções colectivas de trabalho de âmbito inter-profissional (*accords interprofessionnels*) e para as convenções colectivas de área de actividade ou de sector profissional (*conventions de branche et accords professionnels*); e, por outro lado, a eficácia geral dos *accords de branche* depende da sua validação maioritária pelas associações sindicais do sector (nos termos do art. L. 2232-6 do *Code du travail*); em geral, sobre os requisitos de representatividade das associações sindicais, dispõe o art. L. 2121-1 do *Code du travail*, e, em apreciação deste sistema, *vd* também M.-L. MORIN, *Le dualisme de la négociation collective à l'épreuve des reformes: validité et loyauté de la négociation,*

34 Negociação Colectiva Atípica

ou ainda pela introdução de regras de articulação das convenções colectivas de trabalho, que passam, designadamente, pela previsão de vários níveis negociais e pela repartição das matérias a tratar em cada nível[17].

Em todo o caso, deve ficar claro que, *do ponto de vista subjectivo, a negociação colectiva tem sido, desde os seus primórdios e até*

---

application et interprétation de l'accord, DS, 2008, 1, 24-33 (26 ss.). Também no sistema jurídico espanhol, o art. 87.º n.º 2 do ET institui algumas regras de representatividade mínima das associações sindicais que condicionam o direito de contratação colectiva. Ainda sobre as questões da representatividade sindical e patronal na negociação colectiva, pode ver-se, no contexto germânico, V. RIEBLE, *Die Akteure im kollektiven Arbeitsrecht*, RdA, 2004, 2, 78-86 (80 ss.). Como observa S. SCIARRA, *The Evolving Structure of Collective Bargaining in Europe 1990-2004. Research Project Research Project Co-financed by the European Commission and the University of Florence (VS/2003/0219-SI2.359910), Draft General Report*, Firenze, 2005, 36 ss. (http://prints.unifi.it/archive/00001174/), na maioria dos países da Europa observa-se hoje uma tendência para impor regras de representatividade aos interlocutores negociais da contratação colectiva, embora o modo como tal exigência se processa seja muito variável.

[17] Sobre este ponto, por exemplo, quanto ao direito germânico, dispõe o § 2, Abs. 2, 3 e 4 do TVG. Também no direito francês, desde a difusão da contratação colectiva ao nível empresarial, a partir da década de oitenta do séc. XX até à mais recente alteração nesta matéria pelo diploma de Maio de 2004, vimos assistindo a tentativas de redesenhar a estrutura da contratação colectiva numa lógica de articulação entre diferentes níveis de contratação (nesta linha, *vd* em especial, os arts. L. 2252-1, L. 2253-1 e L. 2232-12 a L. 2232-15 do *Code du travail*) – sobre o ponto, podem ver-se, entre outros, J.-C. JAVILLIER, *Le contenu des accords d'entreprise*, DS, 1982, 11, 691-704, P. OLLIER, *L'accord d'entreprise dans ses rapports avec les autres sources de droit dans l'entreprise,* DS, 1982, 11, 680-686, M. DESPAX, *La place de la convention d'entreprise dans le système conventionnel*, DS, 1988, 1, 8-16 A. SUPIOT, *Déréglementation des relations de travail et autoréglementation de l'entreprise*, DS, 1989, 3, 195-205 (199 ss), J. BARTHÉLEMY, *La négociation collective, outil de la gestion de l'entreprise*, DS, 1990, 7/8, 580-583, e ainda, para uma avaliação recente dos resultados práticos da implementação do diploma de 2004, J.-E. RAY, *Quel droit pour la négociation collective de demain?*, DS, 2008, 3-15 (*maxime* 7 ss.). A mesma tendência para estabelecer regras de articulação entre as convenções colectivas de trabalho de nível inter-profissional, sectorial e empresarial, com base na repartição das matérias pelos vários níveis de negociação, se observa na Itália, desde a celebração, em sede de concertação social, do Protocolo de Julho de 1990 e, com referência à contratação colectiva no sector público, desde a aprovação do *Decreto legislativo n. 165/2001* (M. GRANDI, *Rapporti tra contratti collettivi di diverso livello. in Rapporti tra contratti collettivi di diverso livello. Atti delle giornate di Studio di Arezzo 15-16 Maggio 1981,* Milano, 1982, 7-59, M. V. BALLESTRERO, *La négociation d'entreprise. L'expérience italienne*, DS, 1990, 7/8, 653-660, e ainda CARUSO / L. ZAPPALÀ, *The Evolving Structure of Collective Bargaining in Europe 1990-2004 (Italy) cit.*, 52 ss.)

hoje, um dos domínios privilegiados de intervenção das associações sindicais.

III. A convenção colectiva de trabalho assumiu, desde o início, a sua função de uma forma cristalina: essa função é, evidentemente, a de se substituir ao contrato de trabalho na determinação das condições negociais dos trabalhadores da categoria representada pela associação sindical outorgante. Como acima se referiu, esta substituição do nível de negociação das condições de trabalho de um plano individual para um plano colectivo permitiu não só ultrapassar o défice de liberdade contratual do trabalhador perante o empregador no contrato de trabalho, como viabilizou a uniformização das condições de trabalho dos trabalhadores da categoria ou área profissional abrangida, dificultando assim a frustração do regime convencional colectivo pelo empregador através do recurso a trabalhadores situados à margem desse sistema – e, naturalmente, à margem dos próprios sindicatos.

Sendo a convenção colectiva de trabalho orientada para o objectivo de estabelecer um regime de trabalho uniforme para um determinado universo de trabalhadores, compreende-se que *o seu conteúdo essencial seja constituído pelas regras relativas aos vínculos dos trabalhadores da categoria profissional ou da área de actividade a que se destina.* E, embora numa fase incipiente estas regras versassem apenas as questões remuneratórias e das condições de trabalho, a verdade é que hoje as convenções colectivas disciplinam globalmente os vínculos dos trabalhadores a que se destinam, desde a celebração dos respectivos contratos de trabalho até à sua cessação. Em suma, de uma forma não rigorosa mas expressiva, pode dizer-se que as convenções colectivas de trabalho correspondem, quase sempre, a pequenos «códigos do trabalho convencionais»[18].

Acessoriamente, as convenções colectivas de trabalho dispõem também sobre os direitos e deveres das partes outorgantes em matérias relativas à vigência da convenção, ao modo de resolução dos conflitos relativos à interpretação e aplicação das suas disposições ou aos deveres de paz social.

---

[18] A este propósito, autores como J.-M.VERDIER / P. LANGLOIS, *Aux confins de la théorie des sources de droit: une relation nouvelle entre la loi et l'accord collectif,* Dalloz (Rec.), 1972, Chr. XXXIX, 253-260 (254) afirmam mesmo que a importância das convenções colectivas de trabalho é tal que provoca um «*effacement du législateur*».

Contudo, é bem sabido – e pode ser comprovado pela leitura de qualquer convenção colectiva – que o essencial destes instrumentos de regulamentação colectiva reside na parcela do seu conteúdo dirigida à disciplina dos contratos de trabalho, que a doutrina designa expressivamente como conteúdo «regulativo», «normativo» ou «regulamentar», para mais claramente o diferenciar do conteúdo dito «obrigacional» ou «negocial» destes instrumentos, que regula as relações entre as partes outorgantes[19].

IV. Sendo as convenções colectivas de trabalho outorgadas pelas associações sindicais, por parte dos trabalhadores, e pelos empregadores, directamente ou através das suas próprias associações de classe[20], mas tendo como principal objectivo disciplinar a situação juslaboral dos trabalhadores, o problema jurídico que, desde o início, suscitaram foi, obviamente, o da sua repercussão na esfera jurídica dos trabalhadores abrangidos (e também na esfera dos respectivos empregadores, quando a convenção colectiva não é por eles outorgada directamente).

---

[19] A título exemplificativo, sobre estas designações do conteúdo da convenção colectiva de trabalho, *vd,* na doutrina nacional, J. Barros Moura, *A Convenção Colectiva entre as Fontes de Direito do Trabalho*, Coimbra, 1984, 111 e 116, A. Menezes Cordeiro, *Manual de Direito do Trabalho*, Coimbra, 1991, 275 s., M. Pinto, *Direito do Trabalho – Introdução. Relações Colectivas de Trabalho*, Lisboa, 1996, 288, J. Leite, *Direito do Trabalho*, I, Coimbra, 1998 (*reprint* 2001), 90, P. Romano Martinez, *Direito do Trabalho*, 4.ª ed., Coimbra, 2007, 192, A. Monteiro Fernandes, *Direito do Trabalho*, 13.ª ed., Coimbra, 2006, 110, B. Lobo Xavier, *Curso de Direito do Trabalho, I – Introdução. Quadros Organizacionais e Fontes*, 3.º ed., 2004, 545, A. Menezes Leitão, *Direito do Trabalho,* Coimbra 2008, 567, ou ainda Rosário Palma Ramalho, *Da Autonomia Dogmática...cit.,* 800. É uma designação também muito difundida além fronteiras – assim, por exemplo, H. C. Nipperdey / H. Mohnen / D. Neumann, *Der Dienstvertrag,* Berlin, 1958, 1222, P. Hanau, *Rechtswirkung der Betriebsvereinbarungen*, RdA, 1989, 4/5, 207-211 (208 s.), Magrez-Song, *Le droit conventionnel do travail cit.,* 599 s., G. Giugni, *Lavoro, legge, contratti,* Bologna, 1989, 154 s., ou J.-C. Javillier, *La partie «obligatoire» de la convention collective*, DS, 1971, 4, 258-276, e ainda *Le contenu des accords d'entreprise cit.,* 692, entre muitos outros. A jurisprudência também distingue tradicionalmente os conteúdos obrigacional e normativo da convenção colectiva de trabalho (neste sentido, *vd,* por exemplo, o Ac. STJ de 7/06/2000 (Proc. n.º 00S012), o Ac. STJ de 7/03/2007 (Proc. n.º 06S1541), e o Ac. STJ de 28/07/2008 (Proc. n.º 05S1165), todos em www.dgsi.pt., bem como o Ac. RC de 11/10/2001, CJ, 2001, IV, 72).

[20] No sistema jurídico nacional, esta regra consta actualmente do art. 2.º n.º 3 do CT.

Subjacente a este problema está, naturalmente, a questão magna da natureza jurídica da própria convenção colectiva, que é particularmente espinhosa pelo facto de este instrumento se situar na dialéctica entre duas categorias jurídicas fundamentais: a categoria do contrato e a categoria da norma. Recordando a observação de CARNELLUTTI, que remonta aos anos trinta do século passado mas mantém intacta a sua acutilância e actualidade, diremos que a convenção colectiva continua a ser uma figura enigmática, «com vestes de contrato, mas alma de lei»[21-22].

Não nos podendo aqui ocupar esta questão, importa apenas referir que as várias construções dogmáticas sobre a figura da convenção colectiva de trabalho procuraram sempre responder ao pro-

---

[21] Na expressão de F. CARNELUTTI, *Teoria del regolamento colletivo dei rapportti di lavoro*, Padova, 1930, 116 s., a convenção colectiva de trabalho tem «*il corpo del contratto e l'anima della legge*» A ideia é retomada, por outros autores, como F. FERRARI, *La natura giuridica del contratto collettivo di lavoro*, Riv.DL, 1952, 309-330 (313), e acolhida noutros ordenamentos (é o caso da doutrina germânica onde aparece em autores como W. HERSCHEL, *Vom Arbeiterschutz zum Arbeitsrecht, in Hundert Jahre Deutsches Rechtsleben, Fest. zum Hundertjährigen Bestehen des Deutsches Juristentages, 1860-1960*, I, Karlsruhe, 1960, 305-315, 309, ou MENGEL, *Tarifautonomie und Tarifpolitik cit.*, 407).

[22] Como é sabido, a convenção colectiva de trabalho começou por ser concebida como um contrato (sendo mesmo denominada «contrato colectivo de trabalho», designação que muitos sistemas mantêm até hoje), celebrado entre duas entidades privadas (as associações sindicais e os empregadores) ao abrigo do princípio da autonomia privada. Com a publicização global do Direito do Trabalho, a partir do final dos anos vinte do século findo, em países como a Itália, a Alemanha, a Espanha ou Portugal, a convenção colectiva de trabalho foi, também ela, publicizada (aliás como as associações sindicais e patronais) e foi formalmente reconhecida como fonte de Direito do Trabalho, ganhando adicionalmente, por esta via, eficácia geral, uma vez que passa a aplicar-se directamente a todos os trabalhadores da categoria ou da área profissional a que se dirige (é a evolução que, no nosso sistema jurídico, se consuma com o corporativismo). Mais tarde, embora historicamente em momentos distintos nos várias países europeus, as associações sindicais e patronais recuperam a natureza jurídica privada e cessa a intervenção estadual na negociação e na contratação colectiva, pelo que a convenção colectiva de trabalho retoma um perfil mais contratualista. Contudo, mantendo-se nesta fase a recondução deste instrumento à categoria de fonte laboral e sendo assegurada a extensão dos seus efeitos a entidades não representadas pelas associações outorgantes, por diversas vias, pode dizer-se que a convenção colectiva de trabalho assume uma feição dual, que se mantém até hoje. Sobre esta evolução da convenção colectiva ao longo da história do direito do trabalho, *vd* ROSÁRIO PALMA RAMALHO, *Da Autonomia Dogmática...cit.*, 802 ss. e *passim*, e ainda BARROS MOURA, *A Convenção Colectiva...cit., maxime* 93 ss.

blema da sua eficácia nos contratos de trabalho. Assim, na concepção contratualista da convenção colectiva de trabalho, que dominou numa primeira fase mas continua, até hoje, a ser sufragada por alguns sectores[23], a produção de efeitos da convenção colectiva nos contratos de trabalho é explicada em termos negociais, designadamente recorrendo-se ao instituto da representação (na modalidade da representação voluntária) para fundar tal aplicação no facto de o trabalhador ser associado do sindicato outorgante[24]. Já numa concepção predominantemente normativista da convenção colectiva de trabalho, que dominou historicamente a partir dos anos trinta do século XX, mas continua a ser até hoje subscrita por muitos autores[25], a aplicação da

---

[23] Nos primórdios do desenvolvimento do direito do trabalho como área jurídica, a concepção da convenção colectiva de trabalho como (mais) uma modalidade de contrato obrigacional era dominante, encontrando-se em autores como E. Jacobi, *Grundlehren des Arbeitsrecht*, Leipzig, 1927, 283 s., e, entre nós, Adolpho Lima, *O Contrato de Trabalho cit.*, 371 ss. ou J. F. Marnoco e Sousa, *Ciência Económica. Prelecções feitas ao Curso do Segundo Ano Jurídico do Ano de 1909-1910 (1910)* (dir. de ed. de M. F. Silva Brandão), Lisboa, 1997. Contudo, esta concepção tem voltado a ganhar adeptos na doutrina mais moderna, sendo sufragada, com diversas matizes, por autores como E. Bötticher, *Gestaltungsmacht und Unterwerfung im Privatrecht,* Berlin, 1964, 18 ss., e ainda *Arbeitsrecht: Bemerkungen zu einigen Grundprinzipien,* ZfA, 1978, 621-644 (634 s.), T. Ramm, *Die Parteien des Tarifvertrages. Kritik und Neubegründung der Lehre vom Tarifvertrag,* Stuttgart, 1961, 84 ss., T. Mayer-Maly, *Zur Rechtsnatur des Tarifvertrages,* RdA, 1955, 12, 464-465, R. Richardi, *Kolletivgewalt und Individualwille bei der Gestaltung des Arbeitsverhältnisses,* München, 1968, 164 e 176 ss., V. Rieble, *Der Tarifvertrag als kollektiv-privatautonomer Vertrag,* ZfA, 2000, 1, 5-27, F. Santoro-Passarelli, *Autonomia – autonomia collettiva,* Enc. Dir., IV, 369-372, e ainda *Autonomia colletiva, giuridizione, diritto di sciopero, in Studi giuridici in onore di Francesco Carnelutti,* IV, Padova, 1950, 438-460 (441 ss.), B. Teyssié, *À propos de la négociation collective d'entreprise,* DS, 1990, 7/8, 577-579, ou P. Langlois, *Droit civil et contrat collectif de travail,* DS, 1988, 5, 395-400 (397 ss.), bem como, entre nós, por Menezes Cordeiro, *Manual de Direito do Trabalho cit.*, 321, Romano Martinez, *Direito do Trabalho cit.*, 1153, ou Menezes Leitão, *Direito do Trabalho cit.*, 562.

[24] Por paradigmático neste sentido, *vd* Ramm, *Die Parteien des Tarifvertrages cit.*, 84 ss., F. Santoro-Passarelli, *Autonomia collettiva e libertà sindacale,* RIDL, 1985, I, 137-141 (138), Langlois, *Droit civil et contrat collectif...cit.*, 397 ss., e, entre nós, Menezes Cordeiro, *Manual de Direito do Trabalho cit.*, 321, bem como *Convenções Colectivas de Trabalho e Alterações de Circunstâncias,* Lisboa, 1995, 64 s.

[25] A concepção normativa da convenção colectiva de trabalho foi lançada na Alemanha por H. Sinzheimer, em especial nas obras *Der korporative Arbeitsnormenvertrag,* I, II, Leipzig, 1907, 1908, e *Ein Arbeitstarifgesetz. Die Idee der sozialen Selbstbestimmung im Recht,* Berlin, 1916, mas encontra-se já pela mesma época em autores como H. Pothoff,

Surgimento e Delimitação Geral da Negociação Colectiva Atípica

convenção colectiva aos trabalhadores é alicerçada directamente na índole normativa deste instrumento, que é formalmente reconduzido à categoria de fonte laboral[26]. Por fim, as concepções dualistas sobre a convenção colectiva de trabalho, que se desenvolveram na esteira do pensamento de CARNELUTTI[27], socorrem-se do instituto da representação voluntária para explicar a eficácia da convenção nos contratos dos trabalhadores membros da associação sindical outorgante (é o denominado «princípio da filiação»[28]), e lançam mão da qualificação

---

Die Einwirkung der Reichsverfassung auf das Arbeitsrecht, in T. RAMM (Hrsg.), *Arbeitsrecht und Politik. Quellentexte (1918-1933)*, Luchterland, 1966, 1-77 (23), e ainda em SCELLE, *Le droit ouvrier... cit.*, 64 ss. e 99. Mais tarde estas concepções vieram a dominar numa óptica publicista, em consonância com a publicização global do direito do trabalho colectivo (nesta óptica e na nossa doutrina, manifestaram-se no sentido do reconhecimento da convenção colectiva de trabalho como um acto normativo, autores como MARCELLO CAETANO, *O Sistema Corporativo,* Lisboa, 1938, 59 s., e ainda *Manual de Direito Administrativo,* I, 10.º ed. (*reprint*), Coimbra, 1980, 389 s. e 570, e P. SOARES MARTINEZ, *Manual de Direito Corporativo,* 2.º ed., Lisboa, 1967, 238). Já na actualidade e em novos moldes, subscrevem uma concepção eminentemente normativista da convenção colectiva de trabalho, por valorizarem sobretudo a sua qualificação como fonte e o facto de a sua parcela normativa corresponder ao seu conteúdo essencial, entre muitos outros, autores como W. ZöLLNER, *Das Wesen der Tarifnormen,* RdA, 1964, 12, 443-450 (445 e 450), P. HANAU, *Rechtswirkungen der Betriebsvereinbarungen cit.,* 208, J.-C. JAVILLIER, *La partie «obligatoire» de la convention collective cit.,* 260 ss., G. LYON-CAEN, *Anomie, autonomie et heteronomie en droit du travail, in Études en Hommage à Paul Horion,* Liège, 1972, 173-178, e, entre nós, JORGE LEITE, *Direito do Trabalho citl.,* I, 90, bem como, embora de forma menos convicta, BARROS MOURA, *A Convenção Colectiva...cit.,* 118 ss.

[26] Assim, por exemplo, ZöLLNER, *Das Wesen der Tarifnormen cit.,* considerando que as teorias da representação não conseguem explicar a aplicação das convenções colectivas de trabalho a contratos constituídos após a sua celebração ou a sujeitos que não foram representados pelas associações outorgantes, assim como não explicam as situações de pós-eficácia das convenções.

[27] *Teoria del regolamento colletivo...cit.,* 116 s.

[28] No nosso sistema jurídico, o princípio da filiação está actualmente consagrado no art. 496.º do CT e é amplamente aplicado pelos tribunais – entre outros, sobre o ponto, Ac. STJ de 31/05/1993 (Proc. n.º 9340052), Ac. STJ de 12/01/1994 (Proc. n.º 003777), Ac. STJ de 2/10/1996 (Proc. n.º 004415), Ac. STJ de 14/04/1999 (Proc. n.º 989S388), Ac. STJ de 19/03/2001 (Proc. n.º 0041274), Ac. STJ de 6/12/2006 (Proc. n.º 06S1825), Ac. STJ de 24/01/2007 (Proc. n.º 06S2447), Ac. STJ de 5/07/2007 (Proc. n.º 07S538), Ac. STJ de 5/07/2007 (Proc. n.º 07S276), Ac. STJ de 21/06/2007 (Proc. n.º 06S4198), Ac. STJ de 5/12/2007 (Proc. n.º 07S3656), Ac. STJ de 21/05/2008 (Proc. n.º 07S4106), Ac. STJ de 10/07/2008 (Proc. n.º 07S4581), todos em www.dgsi.pt, Ac. STJ de 14/12/1994, BMJ, 442, 60, e ainda Ac. RLx. de 28/11/1998 (Proc. n.º 0039664), Ac. RLx. de 09/11/2005

formal da convenção colectiva como fonte laboral para justificar a produção dos seus efeitos na esfera dos trabalhadores não filiados no sindicato outorgante[29].

(Proc. n.º 6838/2005-4), Ac. RP de 28/01/1991 (Proc. n.º 0310628), ou Ac. RP de 29/04/1991 (Proc. n.º 9510021) também em www.dgsi.pt.

[29] Para além de CARNELUTTI, sufragaram esta concepção dualista sobre a natureza jurídica da convenção colectiva de trabalho autores como L. BARASSI, *Diritto sindacale e corporativo*, 2.º ed., Milano, 1934, 416 s., G. ZANOBINI, *Corso di diritto corporativo*, Milano, 1937, 256 s., M. DELL'OLIO, *L'organizzazione e l'azione sindacale in generale, in* M. DELL'OLIO / G. BRANCA, *L'organizzazione e l'azione sindacale,* Padova, 1980, 3-349 (110 ss.), MENGEL, *Tarifautonomie und Tarifpolitik cit.*, 407, HERSCHEL, *Vom Arbeiterschutz zum Arbeitsrecht...cit.*, 309, ou MAGREZ-SONG, *Le droit conventionnel du travail cit.*, 598 ss. Entre nós, a tentativa de conciliação do efeito normativo da convenção colectiva de trabalho com a sua formação contratual foi levada mais longe por I. GALVÃO TELLES, *Manual dos Contratos em Geral,* 4.ª ed., Coimbra, 2002, 57 e 61 ss., que sustentou a qualificação destes instrumentos como «contratos de direito público» ou «contratos normativos». Além disso, a concepção dualista sobre as convenções colectivas de trabalho parece fazer caminho, sobretudo, na jurisprudência, que não só salienta o conteúdo simultaneamente obrigacional e normativo destes instrumentos (Ac. STJ de 7/06/2000 (Proc. n.º 00S012), Ac. STJ de 7/03/2007 (Proc. n.º 06S1541), e Ac. STJ de 28/07/2008 (Proc. n.º 05S1165), todos em www.dgsi.pt., bem como Ac. RC de 11/10/2001, CJ, 2001, IV, 72), como se refere expressamente às convenções colectivas de trabalho como «actos criadores de normas jurídicas» (por exemplo, Ac. STJ de 1/10/1997 (Proc. n.º 0040394), www.dgsi.pt), e considera que, pela sua generalidade e abstracção, os comandos das convenções colectivas de trabalho devem ser interpretados de acordo com as regras gerais de interpretação da lei (Ac. STJ de 9/11/1994 (Proc. n.º 004027), www.dgsi.pt). Recentemente, o Tribunal Constitucional deu um novo e decisivo impulso no sentido do reconhecimento da natureza normativa das convenções colectivas de trabalho, ao admitir (aliás, em inversão de jurisprudência anterior, que se pode confrontar, por exemplo, no Ac. TC n.º 224/2005 (Proc. n.º 68/05), de 27/04/2005, www.jusnet.pt), a apreciação da constitucionalidade das suas cláusulas (Ac. TC n.º 714/2008 (Proc. n.º 714/07), www.tribunalconstitucional.pt).

Surgimento e Delimitação Geral da Negociação Colectiva Atípica 41

5.2. Panorama actual da contratação colectiva: a crise da negociação colectiva tradicional: I. O desenvolvimento da contratação colectiva sob a égide do princípio da liberdade sindical: o pluralismo sindical e a multiplicidade de convenções colectivas de trabalho; II. Os princípios de auto-tutela dos instrumentos de regulamentação colectiva do trabalho; III. Os efeitos perversos das regras de preservação das convenções colectivas de trabalho: o imobilismo e a crise da negociação colectiva na actualidade

I. A negociação colectiva acompanhou a evolução do sindicalismo ao longo dos seus cento e cinquenta anos de existência. Assim, ela desenvolveu-se à sombra dos grandes princípios que – excepto em períodos historicamente delimitados e por força de vicissitudes ideológicas que ultrapassam o universo jurídico, mas não deixam de o influenciar[30] – têm orientado o movimento sindical na sociedade ocidental moderna:

i) o *princípio da liberdade sindical*, nomeadamente nas vertentes da liberdade de constituição de associações sindicais e da liberdade de auto-determinação destas associações (a que inere a sua natureza privada e a sua independência face aos poderes públicos)[31-32];

---

[30] Como é sabido, o direito do trabalho é uma área jurídica que se caracteriza por uma acentuada porosidade ideológica, já que o fenómeno do trabalho subordinado é um fenómeno muito delicado do ponto de vista social. Assim, ao longo dos cento e poucos anos de desenvolvimento desta área jurídica, os seus conteúdos normativos têm-se relevado particularmente permeáveis aos vários (e, em alguns casos, opostos) ambientes ideológicos envolventes. Para mais desenvolvimentos sobre este ponto, que ultrapassa os parâmetros do nosso estudo, ROSÁRIO PALMA RAMALHO, *Direito do Trabalho cit.*, I, 107 e s., mas, sobretudo, *Da Autonomia Dogmática...cit.*, 28 ss., e B. RÜTHERS, *Arbeitsrecht und Ideologie, in* H. G. LESER (Hrsg.), *Arbeitsrecht und Zivilrecht in Entwicklung, Fest. Hyung BAE-KIM*, Berlin, 1995, 103-124.

[31] No nosso sistema jurídico, como, aliás, na maioria dos países, o princípio da liberdade sindical tem hoje base constitucional, sendo acolhido tanto numa valência colectiva (i.e., reportado às associações sindicais) como numa valência individual (i.e., reportado aos direitos sindicais de cada trabalhador – art. 55.º da CRP, *maxime* no n.º 2, alíneas a) e c) e alínea b), respectivamente). Este princípio é desenvolvido pela lei, relevando em especial, nesta matéria, os arts. 440.º ss. do CT (quanto à liberdade de constituição de associações sindicais e de associações de empregadores), o art. 444.º do CT (quanto à liberdade de

ii) o *princípio da autonomia colectiva*, que se consubstancia na possibilidade de autodeterminação das condições de trabalho em moldes uniformes e para um conjunto de trabalhadores, e, genericamente, na promoção e defesa colectiva dos interesses dos trabalhadores através dos seus representantes. Tradicionalmente, o princípio da autonomia colectiva concretizou-se no direito de contratação colectiva, que é exercido pelas associações sindicais em moldes de liberdade, tanto no que se refere à outorga dos instrumentos colectivos de autoregulação como no que se reporta à fixação do respectivo conteúdo (ou seja, manifestando em novos moldes o princípio da autonomia privada, nas vertentes da liberdade de celebração e de estipulação)[33].

---

filiação e de desvinculação sindical que assiste a cada trabalhador), e os arts. 445.º ss. do CT (quanto à liberdade de autodeterminação e à independência e autonomia das associações sindicais e de empregadores perante o Estado ou quaisquer outros poderes). Para mais desenvolvimentos sobre este princípio, nas suas diversas valências, *vd,* por todos, MÁRIO PINTO, *Direito do Trabalho cit.*, 179 ss.

[32] Reconhecendo, como traço comum aos sistemas de negociação colectiva dos países da União Europeia, a fundamentação geral do direito de contratação colectiva no princípio da liberdade de associação, SILVANA SCIARRA, *The Evolving Structure of Collective Bargaining in Europe 1990 – 2004 (Draft General Report) cit.*, 33.

[33] O princípio da autonomia colectiva é tradicionalmente reconhecido como um dos princípios gerais ou fundamentais do direito do trabalho – neste sentido, entre muitos outros, W. SIEBERT, *Einige Grundgedanken des gegenwärtigen Arbeitsrecht*, RdA, 1956, 1, 13-17 (15), W. KASKEL / H. DERSCH, *Arbeitsrecht*, 5.ª ed., Berlin – Göttingen – Heidelberg, 1957, 19 s., NIPPERDEY / MOHNEN / NEUMANN, *Der Dienstvertrag cit.*, 1186, G. LYON-CAEN, *Les principes généraux du droit du travail, in Tendances du droit du travail français contemporain. Études offertes à G. H. CAMERLYNCK*, Paris, 1978, 35-45 (37 ss.), A. JEAMMAUD, *Les principes dans le droit français du travail*, DS, 1982, 9/10, 618-629 (619 ss.), SANTORO-PASSARELLI, *Autonomia – autonomia colletiva cit.*, 369 s., e ainda *Lineamenti attuali del diritto del lavoro in Italia*, DLav., 1953, 3-12 (4 s.), G. MAZZONI, *Contiene il diritto del lavoro principi generali propri?, in Scritti giuridici in onore della CEDAM nel cinquantenario della sua fondazione*, Padova, 1953, 525-533 (531). Tivemos ocasião de proceder à reconstrução dogmática do princípio da autonomia colectiva, como projecção do princípio fundamental do direito do trabalho que denominámos «princípio do colectivo» no nosso *Da Autonomia Dogmática...cit.*, 985 ss.

Surgimento e Delimitação Geral da Negociação Colectiva Atípica   43

Como é sabido, foi sob a égide destes grandes princípios que se edificou um sistema sólido de pluralismo sindical nas sociedades ocidentais contemporâneas[34].

Ora, *no que toca à negociação colectiva, o pluralismo sindical traduz-se na multiplicidade de convenções colectivas de trabalho.* Em países como Portugal, uma vez reposto o princípio da liberdade sindical e recuperado o princípio da autonomia colectiva na sua plenitude, na sequência da alteração da ordem jurídico-constitucional ocorrida em 1974 e da garantia dos direitos sindicais e de contratação colectiva pela Constituição de 1976 (arts. 55.º e 56.º da CRP, na versão actual), a negociação colectiva generalizou-se. Pouco a pouco, a maioria dos trabalhadores passou a ser coberta por convenções colectivas e estas são hoje em número considerável, coexistindo nas suas diferentes modalidades (contratos colectivos de trabalho, acordos colectivos de trabalho e acordos de empresa)[35-36].

---

[34] Como é sabido, em alguns períodos históricos e ainda por força da já referida porosidade ideológica do direito do trabalho, este princípio do pluralismo sindical foi substituído por um princípio de unicidade sindical, admitindo-se apenas a constituição de uma única associação sindical por categoria profissional. Contudo, porque estas tendências constituíram desvios bem demarcados no tempo e que hoje não são mais do que uma curiosidade histórica, abstemo-nos de as desenvolver. Na actualidade, o princípio da unicidade sindical perdura, por exemplo, no Brasil, sendo aqui estabelecido numa base territorial (art. 8.º II da Constituição Federal). Por outro lado, o princípio do pluralismo sindical não obsta a tendências de unificação das associações sindicais, que podem mesmo incluir a transferência do direito de contratação colectiva para estas estruturas sindicais unitárias – é o que vem sucedendo, por exemplo, na Alemanha, com as tendências para a unificação de associações sindicais por sector de actividade ou base territorial para efeitos de representação dos trabalhadores e, designadamente, através das práticas de delegação dos poderes para a outorga dos *Tarifverträge* nos sindicatos unitários (*Einheitsgewerkschaft*) (sobre este ponto, por todos, M. Fuchs, *The Evolving Structure of Collective Bargaining in Europe 1990-2004. Research Project Research Project Co-financed by the European Commission and the University of Florence (VS/2003/0219-SI2.359910), National Report Germany,* Firenze, 2005, 15 e 19, *in* http://prints.unifi.it/archive/00001174/).

[35] De acordo com os dados estatísticos constantes, por exemplo, do *Livro Verde sobre as Relações Laborais* (ed. do Ministério do Trabalho e da Solidariedade Social), Lisboa, 2006, 84, entre 1995 e 2005 o número de convenções colectivas de trabalho publicadas anualmente oscilou entre as 340 e as 400, à excepção do ano de 2004, em que se registou uma quebra acentuada; e aos instrumentos de regulamentação colectiva do trabalho corresponde uma taxa de cobertura dos trabalhadores que se situa entre os 71% e os 80% (*idem*, 86). Em sentido não muito diferente, J. Gomes, *The Evolving Structure of Collective Bargaining in Europe 1990-2004. Research Project Research Project Co-financed by the*

II. Cabe ainda referir, nesta apresentação panorâmica da negociação colectiva, que, *ao longo do tempo, foram desenvolvidos mecanismos laborais específicos para assegurar a maior eficácia possível das convenções colectivas de trabalho.* .

Estes mecanismos podem classificar-se em duas grandes categorias: mecanismos que promovem a universalidade da regulamentação laboral colectiva; e mecanismos que asseguram a intangibilidade do regime de tutela instituído pelas convenções colectivas de trabalho.

Vejamos então:

i) De uma parte, procura-se ultrapassar os limites da eficácia das convenções colectivas nos contratos de trabalho, que são inerentes ao denominado «princípio da filiação» (art. 496.º do CT) – que, como se sabe, apenas viabiliza a aplicação do regime convencional colectivo na esfera dos trabalhadores membros da associação sindical outorgante[37-38] – promovendo *mecanismos que assegurem a eficácia geral do regime convencional colectivo na categoria profissional ou na área de actividade a que se destina.*

European Commission and the University of Florence (VS/2003/0219-SI2.359910), National Report Portugal, Firenze, 2005, 14 (http://prints.unifi.it/archive/00001174/), refere-se a cerca de 90% de taxa de cobertura. Já em dados mais recentes, retirados do *Boletim Estatístico do Ministério do Trabalho e da Solidariedade Social (Fevereiro de 2009), in* www.dgeep.mtss.gov.pt, no período entre Março de 2008 e Fevereiro de 200, foram publicadas 296 convenções colectivas de trabalho, num total de 2690 convenções colectivas registadas nos serviços do Ministério.

[36] Noutros países também é indicada a existência de uma elevada taxa de cobertura da contratação colectiva: assim, por exemplo, em França, de acordo com dados fornecidos pelo director-geral do trabalho, reportados a 2006 e publicados em 2007, 98% dos trabalhadores franceses estavam abrangidos por convenções colectivas de trabalho (J.-D. COMBREXELLE, *Loi du 4 mai 2004:quel bilan? Quelles perspectives?,* DS, 2008, 1, 20-23 (20); na Alemanha, FUCHS, *The Evolving Structure of Collective Bargaining in Europe 1990 – 2004 (Germany) cit.,* 36 s. refere uma taxa de cobertura que atinge 85% dos trabalhadores; e na Itália a incidência das convenções colectivas de trabalho é situada em 82,5% dos trabalhadores (CARUSO/ZAPPALÀ, *The Evolving Structure of Collective Bargaining in Europe 1990-2004 (Italy) cit.,* 60.

[37] Outros sistemas laborais consagram um princípio equivalente – neste sentido, quanto ao sistema germânico, dispõe o § 4.º Abs. 1 da TVG.

[38] Já tivemos ocasião de dar conta da ampla aplicação jurisprudencial do princípio da filiação no sistema jurídico nacional, *supra,* nota 28. Para aí se remete.

Historicamente, a eficácia geral da convenção colectiva de trabalho começou por ser garantida através da sua qualificação como fonte laboral, o que coincidiu com a tendência de publicização das associações sindicais e patronais e da regulamentação colectiva de trabalho, nos anos trinta do século passado: formalmente elevada à categoria de norma, a convenção colectiva aplica-se directamente ao universo laboral a que se destina, passando a ser dispensável a filiação dos trabalhadores no sindicato outorgante da convenção.

Contudo, a verdade é que, uma vez reprivatizadas as associações sindicais e patronais e reposto o pluralismo sindical, e uma vez relançada a contratação colectiva em moldes de plena liberdade e autonomia no pós-guerra[39], a necessidade de assegurar a eficácia geral das convenções colectivas de trabalho subsistiu, o que explica que estes instrumentos de regulamentação colectiva tenham continuado a ser qualificados como fontes laborais em sentido formal, e, por outro lado, que os sistemas jurídicos tenham desenvolvido mecanismos complementares para assegurar a sua eficácia geral[40]

---

[39] Na maioria dos países europeus, a reprivatização das associações sindicais e patronais, a reposição do pluralismo sindical e o relançamento da contratação colectiva em moldes privados de liberdade e autonomia ocorreu com o fim da II Guerra Mundial e manteve-se desde então. Em Portugal, como oportunamente se recordou, esta evolução só se consumou na sequência da alteração do sistema jurídico-constitucional, após 25 de Abril de 1974.

[40] Assim, por exemplo, na Alemanha, a atribuição de eficácia geral aos *Tarifverträge* pode ocorrer por determinação governamental a pedido de uma das partes outorgantes, mas está condicionada por requisitos de abrangência mínima da convenção a estender e pela existência de uma necessidade social de extensão (§ 5.º Abs. 1 da TVG) – por todos, sobre este mecanismo de extensão das convenções colectivas de trabalho no sistema germânico, W. Herschel, *Zur rechtsnatur der Allgemeinverbindlicherklärung von Tarifverträgen, in* K. Jantz / H. Neuman-Duesberg / D. Schewe (Hrsg.), *Sozialreform und Sozialrecht – Beiträge zum Arbeits- und Sozialversicherungsrecht und zur Sozialpolitik, Fest. für Walter Bogs,* Berlin, 1959, 125-137, e H. Buchner, *Tarifverträge im Wettbewerb?,* ZfA, 2004, 2, 229-252 (234 ss.); e no sistema italiano, onde o direito de contratação colectiva se rege ainda, em grande medida, pelas regras comuns dos contratos, predominando, por isso, uma visão eminentemente negocial das convenções colectivas que apenas viabiliza a sua aplicação aos trabalhadores membros das associações sindicais celebrantes, nos termos da representação ou do mandato, tem sido a jurisprudência a admitir o efeito *erga omnes* das convenções colectivas de trabalho, em matérias como a retribuição, com fundamento nos princípios da igualdade e da suficiência salarial (Caruso/Zappalà, *The Evolving Structure of Collective Bargaining in Europe 1990-2004 (Italy) cit.,* 21).

ou, simplesmente, considerem tal eficácia geral como regra[41]. Como se sabe, em Portugal a convenção colectiva de trabalho não tem, à partida, eficácia geral, por força do princípio da filiação (art. 496.º do CT). Contudo, tal eficácia pode ser posteriormente assegurada através de regulamentos administrativos que procedem à extensão do seu regime aos trabalhadores e aos empregadores da mesma área de actividade que não sejam membros das associações sindicais ou patronais outorgantes. A prática generalizada de emissão destes actos normativos, tradicionalmente designados, no nosso país, como «portarias de extensão» (art. 2.º n.º 4 e arts. 514.º ss. do CT)[42], permite ultrapassar os limites genéticos da teoria da representação e assegura a elevada taxa de cobertura das convenções colectivas de trabalho[43-44].

---

[41] Assim, a regra da eficácia *erga omnes* das convenções colectivas de trabalho é a que vigora em França (o que, conjugado com o princípio do pluralismo sindical, justifica, aliás, a importância das regras de articulação entre as convenções colectivas, bem como as exigências de representatividade sindical, para evitar que uma convenção colectiva outorgada por um sindicato minoritário tenha eficácia geral – é a já referida *opposition majoritaire*); ainda assim, o direito francês prevê o alargamento do âmbito de aplicação das convenções colectivas aos trabalhadores não originariamente abrangidos por esses instrumentos, mediante um mecanismo de extensão da competência do Ministro responsável pela área laboral (art. 2261-15 do *Code du travail*). Em Espanha, a regra é também a da eficácia geral das convenções colectivas de trabalho (art. 82.º n.º 3 do ET), mas esta regra tem algumas particularidades, e é também prevista a extensão do âmbito de aplicação das convenções colectivas por acto administrativo (art. 92.º n.º 2 do ET). Naturalmente, em países em que ainda subsiste um princípio de unicidade sindical, como é o caso do Brasil, tal princípio tem associada a aplicabilidade geral e directa das convenções colectivas aos trabalhadores da área de actividade e da base territorial da associação sindical outorgante (é o que decorre do art. 8.º II da Constituição Federal Brasileira, conjugado com o art. 611.º da Consolidação das Leis do Trabalho).

[42] No Código do Trabalho de 2003, estes instrumentos de regulamentação colectiva do trabalho foram rebaptizados como «regulamentos de extensão» (art. 2.º n.º 4 e arts. 573.º ss. do CT de 2003). O novo Código do Trabalho recuperou a designação tradicional de «portaria de extensão», que já vinha do DL n.º 519-C1/79, de 29 de Dezembro (LRCT) (art. 29.º), diploma que continha o regime jurídico dos instrumentos de regulamentação colectiva do trabalho e da contratação colectiva antes da codificação do direito do trabalho em 2003.

[43] Sobre as portarias de extensão no nosso sistema de contratação colectiva, *vd*, por exemplo, o Ac. TC n.º 214/94 (Proc. n.º 276/93), e o Ac. TC n.º 306/2003, de 25/06/2003 (Proc. n.º 382/03) ambos em www.tribunalconstitucional.pt., bem como, entre muitos outros,

ii) De outra parte, a função de compensação da debilidade negocial dos trabalhadores na determinação das suas condições de trabalho, que constituiu a razão de existência e a força motriz das convenções colectivas de trabalho, conduziu, ao longo do tempo, ao desenvolvimento de um *conjunto de regras destinadas a assegurar a intangibilidade dos regimes convencionais colectivos.*

Em Portugal, como é sabido, estas regras actuam a três níveis: ao nível da relação entre a convenção colectiva e o contrato de trabalho; ao nível da relação entre a convenção colectiva e a lei; e, por fim, ao nível da relação entre as próprias convenções colectivas de trabalho.

Ac. STJ de 2/10/1996 (Proc. n.º 004415), Ac. STJ de 14/04/1999 (Proc. n.º 98S388), Ac. STJ de 6/12/2006 (Proc. n.º 06S1825), Ac. STJ de 21/06/2007 (proc. n.º 06S4198), Ac. STJ de 5/07/2007 (Proc. n.º 07S538), Ac. STJ de 5/12/2007 (Proc. n.º 07S3656), Ac. STJ de 21/05/2008 (Proc. n.º 07S4106), e ainda Ac. RLx. de 28/01/1998 (Proc. n.º 0039664), e o Ac. RC de 30/05/2001 (Proc. n.º 710-2001), todos em www.dgsi.pt.

[44] Na verdade, em Portugal, o alargamento do âmbito de incidência subjectiva da convenção colectiva de trabalho para além do universo dos empregadores e trabalhadores filiados nas associações sindicais patronais outorgantes é também conseguido por outras vias para além das portarias de extensão. Assim, por exemplo, em matéria retributiva, a jurisprudência tem considerado que o princípio constitucional «trabalho igual, salário igual» (art. 59.º n.º 1 a) da CRP) prevalece sobre a regra da filiação, pelo que um trabalhador não filiado na associação sindical que outorgou a convenção tem direito à retribuição nela prevista quando mais favorável (neste sentido, entre muito outros, Ac. STJ de 26/05/1988 (Proc. n.º 001889), Ac. STJ de 20/01/1993 (Proc. n.º 003401), Ac. STJ de 9/04/1997 (Proc. n.º 96S167), Ac. STJ de 7/06/2000 (Proc. n.º 00S012), Ac. STJ de 25/09/2002 (Proc. n.º 02S565), todos em www.dgsi.pt.); por outro lado, em caso de transmissão da empresa ou do estabelecimento, o empregador transmissário obriga-se a respeitar o instrumento de regulamentação colectiva do trabalho em vigor nessa empresa durante um determinado prazo, apesar de não o ter subscrito (art. 498.º do CT); além disso, a convenção pode aplicar-se a entidades que a ela adiram posteriormente, mediante a celebração de um acordo de adesão (art. 504.º do CT); e, por fim, pode a convenção vir a aplicar-se a trabalhadores da empresa que não sejam membros da associação sindical outorgante, por opção dos próprios trabalhadores nesse sentido (art. 497.º do CT). Não valorizamos estas formas de extensão do âmbito originário da convenção colectiva de trabalho em texto, por se tratar de expedientes de recurso ou para extensões de alcance particular. No nosso sistema jurídico o mecanismo habitual (e, na prática, absolutamente generalizado) de assegurar a eficácia geral das convenções colectivas de trabalho é a portaria de extensão.

Assim:

a) Na *relação entre a convenção colectiva e o contrato de trabalho*, a regra é que o contrato apenas pode afastar o regime da convenção colectiva para estabelecer um regime mais favorável ao trabalhador. Esta regra, de grande tradição no nosso sistema jurídico, mantém-se ainda hoje no Código do Trabalho (art. 476.º)[45-46].

b) Na *relação entre a convenção colectiva e a lei*, a regra tradicional assenta no pressuposto da natureza imperativa mínima das normas laborais e consubstancia-se na ideia de que estas normas só podem ser afastadas pelos instrumentos de regulamentação colectiva do trabalho para dispor num sentido mais favorável aos trabalhadores[47]. É certo

---

[45] Antes do Código do Trabalho de 2003, esta regra retirava-se do art. 14.º n.º 1 da LRCT. A regra teve, contudo, uma formulação um pouco diferente no CT de 2003 (art. 531.º), uma vez que se admitia que algumas disposições de instrumentos de regulamentação colectiva do trabalho não pudessem ser afastadas pelo contrato de trabalho, nem·em sentido mais favorável ao trabalhador; o novo Código do Trabalho veio repor a regra na sua formulação original – sobre esta questão, que não nos pode ocupar nesta sede, *vd* ROSÁRIO PALMA RAMALHO, *Direito do Trabalho cit.*, I, 291, e ainda P. ROMANO MARTINEZ / L. M. MONTEIRO / J. VASCONCELOS / J. M. VILALONGA / P. MADEIRA DE BRITO / G. DRAY / L. GONÇALVES DA SILVA, *Código do Trabalho Anotado*, 6.ª ed., 2008, 911 s. (anotação de GONÇALVES DA SILVA).

[46] A mesma regra aflora noutros ordenamentos. No sistema jurídico germânico, ela está consagrada no § 4.º Abs. 3 da TVG – com referência a este ponto, na doutrina germânica, A. NIKISCH, *Individualismus und Kollektivismus im heutigen Arbeitsrecht*, RdA, 1953, 3, 81-85 (83 s.), W. SIEBERT, *Kollektivnorm und Individualrecht im Arbeitstverhältnis, in* R. DIETZ / A. HUECK / R. REINHARDT (Hrsg.), *Fest. für H. C. NIPPERDEY*, München – Berlin, 1955, 119-145 (122 s.), R. RICHARDI, *Eingriff in eine Arbeitsvertragsregelung durch Betriebsvereinbarung*, RdA, 1983, 4, 201-217 (202), e ainda deste autor, *Arbeitsvertrag und Tarifgeltung*, ZfA, 2003, 4, 655-689, L. FASTRICH, *Betriebsvereinbarung und Privatautonomie*, RdA, 1994, 3, 129-140, E. HERRMANN, *Kollektivautonomie contra Privatautonomie: Arbeitsvertrag, Betriebsvereinbarung und Mitbestimmung*, NZA, 2000, 3, 14-23, ou T. DIETERICH / P. HANAU / M. HENSSLER / H. OETKER / R. WANK / H. WIEDEMANN, *Empfehlung zur Entwicklung des Tarifvertragsrecht*, RdA, 2004, 2, 65-78 (69 ss.). No sistema francês, a mesma regra está estabelecida no art. L. 2254-1 do *Code du travail* – sobre o ponto neste sistema jurídico, MARIE-ANGE MOREAU, *The Evolving Structure of Collective Bargaining in Europe 1990-2004 (France) cit.*, 15.

[47] Sobre a aplicação desta regra pelos nossos tribunais, pode ver-se, entre outros, o Ac. RLx. de 15/12/2005 (Proc. n.º 2287/2005-4), www.dgsi.pt.

Surgimento e Delimitação Geral da Negociação Colectiva Atípica   49

que esta regra foi atenuada na evolução recente do nosso sistema juslaboral (nomeadamente a partir do Código do Trabalho de 2003, que deu mais latitude aos instrumentos de regulamentação colectiva para afastarem os regimes legais mesmo em sentido menos favorável ao trabalhador – art. 4.º n.º 1 do CT de 2003[48]), mas o vigor da exigência tradicional do *favor laboratoris* na relação entre os instrumentos de regulamentação colectiva do trabalho e a lei voltou já a ser parcialmente reposto no Código do Trabalho de 2009[49], com a fixação de um conjunto de matérias relativamente às quais as convenções colectivas apenas podem afastar o regime legal para dispor em sentido mais favorável aos trabalhadores (art. 3.º n.º 3 do CT)[50].

---

[48] Como é sabido, a regra do art. 4.º do CT de 2003 levantou vivas reacções, quer de aplauso, quer de crítica, que não cabe aqui apreciar. Sobre o ponto e apenas para ilustração do debate que a norma suscitou ao tempo, podem ver-se, em sentido favorável à solução encontrada, BERNARDO XAVIER, *Curso...cit.*, I, 628 e 630, ROMANO MARTINEZ, *Direito do Trabalho cit.*, 266 s., MENEZES LEITÃO, *Direito do Trabalho cit.*, 92 s., e ROSÁRIO PALMA RAMALHO, *Direito do Trabalho cit.*, I, 287, reiterando argumentação já exposta in *Da Autonomia Dogmática...cit.*, 939 e nota [521]; já numa perspectiva crítica desta solução, J. LEITE, *Código do Trabalho – algumas questões de (in)constitucionalidade*, QL, 2003, 22, 245-278 (270 ss.), J. J. NUNES ABRANTES, *A Autonomia do Direito do trabalho, a Constituição laboral e o artigo 4.º do Código do Trabalho, in Estudos de Direito do Trabalho em Homenagem ao Professor Manuel Alonso Olea*, Coimbra, 2004, 409-431, e ainda *A Constituição e o artigo 4.º do Código do Trabalho, in Estudos em Memória do Professor Doutor A. Marques dos Santos,* II, Coimbra, 2005, 231-240, J. LEAL AMADO, *Tratamento mais favorável e artigo 4.º/1 do Código do Trabalho: o fim de um princípio, in Temas Laborais* I, 11-22, ou JÚLIO GOMES, *Direito do Trabalho, I – Relações Individuais de Trabalho,* Coimbra, 2007, 50 s.

[49] Em geral sobre as diversas aplicações do princípio do *favor laboratoris*, e em especial sobre a aplicação deste princípio aos conflitos hierárquicos de fontes laborais, ROSÁRIO PALMA RAMALHO, *Direito do Trabalho cit.*, I, 263 ss. e 285 ss.

[50] A aplicação do princípio do *favor laboratoris* à relação entre as convenções colectivas de trabalho e a lei é comum noutros sistemas mas, à imagem do que se passou no sistema jurídico nacional, tem sofrido alguma evolução. Assim dispõe sobre esta matéria, no sistema francês, o art. L. 2251-1 do *Code du travail* (sobre este problema no sistema jurídico francês, podem ver-se, entre outros, G. LYON-CAEN, *Négociation collective et législation d'ordre public*, DS, 1973, 2, 89-101, e ainda *La bataille truquée de la flexibilité*, DS, 1985, 12, 801-810 (807), J.-E. RAY, *Mutation économique et droit du travail, in Les transformations du droit du travail. Études offertes à G. LYON-CAEN,* Paris, 1989, 11-31 (23 ss.), M.-L. MORIN, *La loi et la négociation collective : concurrence ou complémentarité*, DS, 1998, 5, 419-429, ou

c) Por fim, em matéria de *sucessão de convenções colectivas de trabalho*, a regra tradicional é que a convenção se mantém em vigor até ser substituída por uma nova convenção[51], mas esta não pode estabelecer um regime globalmente menos favorável para os trabalhadores do que o regime previsto na convenção colectiva anterior, salvaguardando-se, por esta via, os chamados «direitos adquiridos»[52]. Esta regra assenta no pressuposto de que a evolução da situação jurídica dos trabalhadores subordinados deve ser sempre no sentido ascendente (é o princípio clássico do Direito do Trabalho que identificámos noutra sede como «princípio da progressividade irredutível»[53]) e tem

---

G. Borenfreund / M.-A. Souriac, *Les rapports de la loi et de la convention collective: une mise en perspective*, DS, 2003, 1, 72-86). Quanto ao sistema germânico a regra é também a do afastamento da lei pelas convenções colectivas de trabalho apenas para disporem em sentido mais favorável ao trabalhador (e o *Günstigkeitprinzip*), mas cabe contar com as normas convénio-dispositivas (*tarifdispositive Normen*), que remetem um conjunto de matérias para a negociação colectiva em moldes mais elásticos, porque se admite a alteração *in pejus* dos regimes legais (sobre o ponto, por exemplo, H. Wiedemann, *Tarifautonomie und staatliches Gesetz, in* Farthmann / Hanau / Isenhardt / Preis (Hrsg.), *Arbeitsgesetz und Arbeitsrechtsprechung, Fest. Eugen Sthalhacke*, Neuwied / Kriftel /Berlin, 1995, 675-692, ou R. Scholz, *Rechtsfragen zur verweisung zwischen Gesetz und Tarifvertrag, in* T. Mayer-Maly / R. Richardi / H. Schambeck / W. Zöllner, *Arbeitsleben und Rechtspflege, Fest. für Gerhard Müller*, Berlin, 1981, 509-536, e especificamente sobre as normas convénio-dispositivas, C. W. Canaris, *Tarifdispositive Normen und richterliche Rechtsfortbildung, in* G. Hueck / R. Richardi (Hrsg.), *Gedächtnisschrift für Rolf Dietz*, München, 1973, 199-224, ou P. Schwerdtner, *Das Tarifdispositive Richterrecht als Methodenproblem, in Arbeitsrecht und juristische Methodenlehre*, Neuwied – Darmstadt, 1980, 109-130). Sobre a relação entre as convenções colectivas de trabalho e a lei, no sistema jurídico espanhol, *vd* M. Rodriguez-Piñero, *La flessibilità e il diritto del lavoro spagnolo, in* M. D'antona (dir.), *Politiche di flessibilità e Mutamenti del Dirittio del lavoro. Itália e Spagna*, Napoli, 1990, 205-227 (216 s.), ou A. Montoya Melgar, *Stato e autonomia collettiva nell'ordinamento spagnolo*, RIDL, 1990, I, 264-284 (273 ss.). E, sobre o tema, com reporte ao sistema jurídico italiano, *vd*, por exemplo, Ballestrero, *La négociation d'entreprise...cit.*, 658.

[51] Sobre esta regra, *vd*, por exemplo, o Ac. STJ de 2/07/2003 (Proc. n.º 02S3745), www.dgsi.pt.

[52] Sobre a aplicação desta regra pelos nossos tribunais, *vd*, por exemplo, o Ac. STJ de 5/12/2007 (Proc. n.º 07S3656), www.dgsi.pt., e o Ac. STJ (uniformização de jurisprudência) n.º 1/2000 (Proc. n.º 350/98), DR, I S. de 2/02/2000, 440.

[53] Rosário Palma Ramalho, *Da Autonomia Dogmática...cit.*, 681 e *passim*.

também grande tradição no nosso sistema juslaboral, sendo até hoje mantida pelo Código do Trabalho (art. 503.º)[54].

III. A análise aprofundada destas regras ultrapassa os parâmetros do nosso tema[55]. Referimo-las no contexto da nossa Lição apenas para salientar que, *ao mesmo tempo que funcionaram como mecanismos de auto-tutela ou auto-preservação do sistema de contratação colectiva, estas regras tiveram também alguns efeitos perversos que, com o tempo, conduziram o sistema de contratação colectiva a uma situação de imobilismo e de impasse*: *é a crise da negociação colectiva*[56-57].

---

[54] Estas regras correspondem ao art. 560.º do CT de 2003 e já vêm do direito anterior (arts. 11.º n.º 2 e 15.º da LRCT). Embora no Anteprojecto do Código do Trabalho de 2003 tenha havido uma tentativa para flexibilizar este princípio, dando-se mais autonomia aos representantes dos trabalhadores e dos empregadores para diminuírem o nível de tutela dos trabalhadores em sede de revisão das convenções colectivas de trabalho, a solução que acabou por ser acolhida na lei – e que o novo Código do Trabalho também perfilha – foi a solução tradicional da evolução necessária dos instrumentos de regulamentação colectiva do trabalho num sentido de maior favorabilidade. Por todos, quanto à evolução desta regra no sistema jurídico nacional, B. G. Lobo Xavier, *Sucessão no tempo de instrumentos de regulamentação colectiva do trabalho e princípio do tratamento mais favorável ao trabalhador*, RDES, 1987, 4, 465-512, e Rosário Palma Ramalho, *Direito do Trabalho cit.*, I, 274 ss.

[55] Abastemo-nos de uma análise mais aprofundada destas regras não só porque extravasa o âmbito do nosso tema mas também porque, como oportunamente se referiu, a presente Lição pressupõe a familiaridade dos alunos com os restantes pontos da matéria da contratação colectiva e, mais genericamente, com as regras especiais de coordenação das fontes laborais.

[56] A crise da negociação colectiva, que decorre da crise mais ampla do associativismo sindical, é referenciada por muitos autores e parece afectar a maioria dos sistemas jurídicos ocidentais – neste sentido, entre muitos outros, com especial reporte aos sistemas germânico e austríaco, T. Tomandl, *Die Ambivalenz des kollektiven Arbeitsrechts, in* B. Rüthers / T. Tomandl, *Aktuelle Fragen des Arbeitsrechts*, Paderborn, 1972, 23-46 (45 s.), W. Däubler, *Una riforma del diritto del lavoro tedesco? – prime osservazioni sul Beschäftigungs-forderungsgesetz 26 Aprile 1985*, RIDL, 1985, 528-546 (532), M. Heinze, *Gibt es eine Alternative zur Tarifautonomie?*, DB, 1996, 14, 729-735 (732), e ainda *Wege aus der Krise des Arbeitsrecht – Der Beitrag der Wissenschaft*, NZA, 1997, 1, 1-9 (7), B. Rüthers, *35 Jahre Arbeitsrecht in Deutschland*, RdA, 1995, 6, 326-333 (331); referenciando a mesma situação no sistema italiano, M. Biagi, *Le tendenze del diritto del lavoro nell'Ocidente – Presentazione*, Lav.Dir., 1987, 1, 97-107, ou P. Tosi, *Le nuove tendenze del diritto del lavoro nel terziario*, DLRI, 1991, 4, 613-632; com referência ao sistema francês e no mesmo sentido, A. Jeammaud / M. le Friant, *Contratto di lavoro, figure intermedie e lavoro autonomo nell'ordinamento francese, in* M. Pedrazzoli (dir.), *Lavoro subordinato e dintorni – comparazioni e prospettive*, Bologna, 1989, 255-273 (272 s.), ou

Entre os *efeitos perversos que decorreram da aplicação conjugada destas regras*, salientam-se os seguintes:

i) Em primeiro lugar, *os mecanismos administrativos de extensão das convenções colectivas de trabalho desincentivam os trabalhadores da filiação sindical*, uma vez que, mesmo que não sejam membros da associação sindical que outorgou a convenção colectiva, esta virá, com toda a probabilidade, a ser-lhes aplicada, através de uma portaria de extensão ou de outro mecanismo que possibilite a sua eficácia geral. Naturalmente, a falta de incentivos à filiação sindical enfraquece as associações sindicais[58], o que afecta globalmente a contratação colectiva.

G. LYON-CAEN, *Le droit du travail. Une technique réversible*, Paris, 1995, 71 ss.; com referência aos sistemas anglo-saxónicos, no mesmo sentido, por exemplo, P. DAVIES, *Le tendenze del diritto del lavoro nell'Ocidente – Intervento*, Lav.Dir., 1987, 1, 108-124 (110), C. W. SUMMERS, *Le tendenze del diritto del lavoro nell'Ocidente – Intervento*, Lav.Dir., 1987, 1, 138-148 (145 ss.) ou X. BLANC-JOUVAN, *La négociation collective d'entreprise: l'expérience des États-Unis*, DS, 1990, 7/8, 638-646 (645 s.); e ainda, para uma perspectiva comparada da situação em diversos países europeus, T. TREU, *Labour flexibility in Europe*, ILR, 1992, 4/5, 497-512 (498), e A. SUPIOT, *Au-delà de l'emploi. Transformations du travail et devenir du droit du travail en Europe – Rapport pour la Commission des Communautés Européennes avec la collaboration de l'Université Carlos III de Madrid*, Paris, 1999, 163 ss.

[57] A nosso ver, a crise da negociação colectiva não é de imputar apenas a estes factores, que decorrem do próprio sistema juslaboral, mas a uma conjugação de factores diversos, a maioria dos quais extra-jurídicos, como a melhoria geral da situação económica dos trabalhadores (que torna menos relevante a sua inscrição nas associações sindicais), a diversificação das categorias de trabalhadores (algumas das quais são menos dependentes dos representantes colectivos), a reorganização das empresas em novos moldes, que passam por uma maior aproximação dos trabalhadores ao *management* (o que contraria a postura classista tradicional das associações sindicais) ou pela dispersão geográfica dos trabalhadores (o que torna mais difícil e menos visível a actuação sindical na empresa). Para um maior aprofundamento deste ponto, que ultrapassa o âmbito do nosso tema, *vd* ROSÁRIO PALMA RAMALHO, *Da Autonomia Dogmática...cit.*, 569 ss.

[58] Como é sabido, entre nós não abundam os dados sobre a taxa de sindicalização dos trabalhadores, até porque se trata de matéria que envolve dados pessoais. Ainda assim, e em termos gerais, pode ver-se o *Livro Verde das Relações Laborais cit.*, 86, que situa a taxa de sindicalização entre os 21% e os 30%. O mesmo panorama se observa, aliás, na maioria dos países europeus, à excepção dos países nórdicos, que mantêm taxas de filiação sindical acima dos 75%. Para um confronto destes dados, *vd*, por exemplo, J. BARTHÉLÉMY / G. CETTE, *Réformer et simplifier le droit du travail via un rôle accru du droit conventionnel*,

Surgimento e Delimitação Geral da Negociação Colectiva Atípica 53

ii) Em segundo lugar, as regras que asseguram a intangibilidade do sistema de contratação colectiva, tanto em face da lei e dos contratos de trabalho como na própria sucessão de instrumentos de regulamentação colectiva do trabalho, contribuem também para a rigidez desse sistema, já que fazem perpetuar convenções colectivas de trabalho muito antigas – e, com frequência, desadequadas – simplesmente porque não se admite a sua alteração em termos de maior flexibilidade. Em suma, *a conjugação destas regras cristaliza o sistema de contratação colectiva como um sistema de garantias laborais, que, justamente pela exigência da progressividade irredutível, deixa de ser capaz de se adaptar a novas necessidades de gestão ou a conjunturas económicas menos favoráveis.*

No panorama nacional, a conjugação dos factores descritos conduziu, como se sabe, a *situações de impasse grave na contratação colectiva.* É que, tendo a maioria das modernas convenções colectivas de trabalho sido elaboradas num período de acentuado garantismo e rigidez do sistema laboral, muitas delas acabaram por persistir ao longo dos anos sem serem revistas, excepto em matéria salarial, ao abrigo da previsão legal que assegurava a manutenção da sua vigência até serem substituídas (art. 11.º n.º 2 da LRCT)[59], e apesar de se mostrarem cada vez mais desadequadas à evolução das empresas e dos respectivos modelos de gestão ou a conjunturas económicas e de emprego menos favoráveis. Por outro lado, mesmo quando são revistas, a regra segundo a qual a nova convenção não

---

DS, 2006, 1, 24-36 (25): no conjunto dos dados relativos à percentagem de trabalhadores sindicalizados nos países da OCDE, reportados ao ano 2000, apresentados por este autor e retirados de estatísticas da OCDE, Portugal aparece entre os países com menor taxa de sindicalização (à época, não atingindo os 25%). É também curioso de observar, nesse mesmo estudo (*idem*, 26), que, apesar da baixa taxa de sindicalização, a grande maioria dos trabalhadores está coberta por convenções colectivas de trabalho – no caso de Portugal, a mesma conclusão se retira do *Livro Verde das Relações Laborais cit.*, 86, que fixa a taxa de cobertura das convenções colectivas de trabalho entre os 71% e os 80% dos trabalhadores, o que não pode deixar de se imputar à prática da emissão das portarias de extensão.

[59] Neste sentido, vejam-se os dados fornecidos por JÚLIO GOMES, *The Evolving Structure of Collective Bargaining in Europe 1990-2004 (Portugal) cit.*, 15 s., apontando, com referência ao ano 2000, que apenas 9% das convenções colectivas de trabalho foram globalmente revistas, enquanto 91% foram apenas objecto de revisão salarial.

54   *Negociação Colectiva Atípica*

pode ser menos favorável do que a anterior e do que a própria lei (em homenagem ao já referido princípio da progressividade irredutível do sistema laboral) também tem constituído um obstáculo à adaptação destes instrumentos a conjunturas menos favoráveis.

Como é sabido, ao longo dos últimos anos foram ensaiadas várias estratégias para quebrar este ciclo e dinamizar a negociação colectiva. Estas estratégias passaram pela previsão legal de prazos de caducidade da convenção colectiva (art. 557.º do CT de 2003 e, agora, art. 501.º do CT de 2009), pela promoção de soluções de arbitragem obrigatória para dirimir os litígios ou ultrapassar os impasses da negociação colectiva (art. 567 n.º 1 do CT de 2003 e arts. 501.º n.º 3 e 508.º ss. do CT actual) e pela atenuação das regras de conjugação dos instrumentos de regulamentação colectiva com outras fontes e de sucessão de convenções colectivas de trabalho (arts. 4.º n.º 1 e 560.º do CT de 2003, bem como arts. 3.º n.º 1 e 503.º do CT de 2009, embora com um alcance mais limitado, como oportunamente se assinalou).

No entanto, a implementação prática destas medidas não tem sido consequente e estas estratégias não têm conseguido evitar a estagnação da negociação colectiva. Em suma, *a crise da contratação colectiva nos moldes tradicionais é séria e estrutural.*

É justamente neste quadro que surge a negociação colectiva atípica, como vamos ver de imediato[60].

---

[60] Noutros países, os autores têm indicado como razões justificativas da difusão da negociação colectiva atípica (identificando como tal os acordos informais dobre condições de trabalho celebrados ao nível da empresa quer directamente entre o empregador e o conjunto dos trabalhadores, e aceites pela maioria dos trabalhadores, quer entre o empregador e a comissão de trabalhadores – neste sentido, por exemplo, SAVATIER, *Accords d'entreprise atypiques cit.*, 188 e 190, e G. VACHET, *Les accords atypiques,* DS, 1990, 7/8, 620-625 (620)), a inexistência de associações sindicais representativas em certos sectores, a preferência dos trabalhadores por interlocutores negociais que elegem directamente, e a maior proximidade entre os trabalhadores e o empregador que estes acordos viabilizam, fugindo assim à intermediação típica das associações sindicais – indicando estes motivos para a difusão deste tipo de negociação no sistema francês, por exemplo, VACHET, *Les accords atypiques cit.*, 620.

6. Desenvolvimento e caracterização geral da negociação colectiva atípica

Apresentado o panorama geral da contratação colectiva, no âmbito do qual surge o fenómeno objecto das nossas reflexões, o nosso estudo pode avançar em duas novas etapas. Assim:

i) Em primeiro lugar, cabe dar conta do modo como se vem processando o desenvolvimento da negociação colectiva atípica e dos acordos colectivos atípicos no contexto descrito e apresentar as várias acepções destas práticas, para, no âmbito destas, delimitarmos melhor o fenómeno que nos ocupa. Neste ponto, é, obviamente, importante partirmos das experiências práticas da negociação colectiva atípica e, por isso, elegemos como *case study* da Lição o exemplo mais conhecido de negociação colectiva atípica no panorama nacional: os acordos laborais da Autoeuropa.

ii) A análise do *case study* escolhido permite extrair as conclusões necessárias à conceptualização definitiva do fenómeno da negociação colectiva atípica e dos acordos colectivos atípicos, que caberá fazer neste momento. Esta conceptualização do fenómeno não só fixa, em definitivo, o objecto das nossas reflexões, como torna patentes os problemas dogmáticos que ele suscita no nosso ordenamento jurídico e que nos vão ocupar na parte subsequente da Lição.

6.1. *O desenvolvimento da negociação colectiva atípica como forma de ultrapassar os impasses na contratação colectiva tradicional: I. Aspectos gerais; II. Delimitação do fenómeno da negociação colectiva atípica em sentido estrito relativamente a outras experiências de «negociação» não sindical no seio das empresas; III. Experiências nacionais de negociação colectiva atípica em sentido estrito: o* case study *da Autoeuropa (descrição); IV. Conclusões do* case study

I. No nosso país, a negociação colectiva atípica tem-se desenvolvido no quadro de crise da contratação colectiva tradicional que acabamos de recordar.

Sendo a contratação colectiva tradicional liderada pelas associações sindicais, como vimos oportunamente, facilmente se compreende que *o principal traço de atipicidade do fenómeno que aqui nos ocupa reside no facto de ser protagonizado por outras estruturas de representação dos trabalhadores que não as associações sindicais, quando são estas associações as entidades constitucional e legalmente instituídas no poder de celebrar convenções colectivas de trabalho* (art. 56.º n.º 3 da CRP e arts. 2.º n.º 3 e 443 n.º 1 a) do CT). Em suma, trata-se de uma situação de atipicidade legal.

No entanto, porque quando se fala em negociação colectiva atípica podemos, de facto, estar a reportar-nos a experiências diversas de intervenção de estruturas não sindicais de representação dos trabalhadores nas empresas, convém situar de uma forma mais rigorosa o objecto das nossas reflexões nesta Lição.

II. Num sentido amplo, e em diferentes contextos doutrinais, têm sido qualificados como negociação colectiva atípica dois tipos de práticas ocorridas no seio das empresas: práticas que envolvem uma negociação atingindo um conjunto de trabalhadores (e, nesse sentido, colectiva), mas que ocorrem à margem das associações sindicais; e práticas de contratação colectiva em sentido próprio (i.e., protagonizada por associações sindicais), mas em que o instrumento final em que se concretiza tal contratação apresenta uma irregularidade formal ou de conteúdo.

Surgimento e Delimitação Geral da Negociação Colectiva Atípica   57

Assim:

i) Em primeiro lugar, *a doutrina identifica como negociação colectiva atípica diversos acordos celebrados entre o empregador e representantes não sindicais dos trabalhadores*, tanto no contexto de um conflito colectivo como em contextos não conflituais.

No que toca a situações de conflito, um exemplo de negociação colectiva atípica em sentido amplo, que é dado por alguns autores, é o da negociação entre o empregador e os trabalhadores (directamente ou por intermédio de representantes não sindicais) para pôr fim a um conflito colectivo de trabalho, *maxime* a uma greve[61]. No nosso sistema jurídico, exemplificaria esta categoria de situações o acordo entre o empregador e a comissão de greve, constituída para representar os trabalhadores numa greve não sindical, em que se definem as condições de cessação da greve (art. 539.º do CT), uma vez que as condições definidas neste acordo podem ter efeitos nos vínculos laborais em execução na empresa; e ainda no âmbito de situações conflituais ou potencialmente conflituais, também poderiam ser qualificadas como negociação colectiva em sentido amplo as intervenções regulares das comissões de trabalhadores no âmbito de processos de despedimento colectivo (arts. 360.º n.º 1 e 361.º do CT), no contexto de procedimentos de transmissão da empresa ou do estabeleci-

---

[61] Sobre o ponto, no sistema jurídica francês, R. DE QUENAUDON, *Des protocoles de fin de conflit dans le secteur privé*, DS, 1981, 5, 401-411, colocando a hipótese de recondução destes acordos a convenções colectivas de trabalho ou a compromissos unilaterais do empregador, consoante os casos; já J.-P. CHAUCHARD, *Les accords de fin de conflit*, DS, 1982, 11, 678-679, não admite a qualificação destes acordos como convenções colectivas de trabalho (entre outros aspectos, porque não são outorgados por entidades sindicais, como é exigido no caso das convenções colectivas), reconduzindo-os antes à categoria do contrato, nos termos gerais, e tendo em conta, designadamente, a sua índole transitória e compromissória; já M. DESPAX, *La mesure de l'application de la loi sur les conventions collectives à la négociation d'entreprise: les accords en marge de la loi*, DS, 1982, 11, 672-674 (674), J. SAVATIER, *Accords d'entreprise atypiques cit.*, 191, ou VACHET, *Les accords atypiques cit.*, 621, colocam a hipótese de recondução destes acordos a um uso laboral, se forem aplicados durante algum tempo no seio da empresa, apesar da sua informalidade.

mento ou ainda em contexto de *lay-off*, quando são negociadas medidas alternativas à cessação dos contratos de trabalho ou medidas de protecção dos trabalhadores abrangidos pela vicissitude empresarial em questão (art. 286.º e arts. 229.º e 300.º do CT, respectivamente quanto à negociação entre o empregador e os representantes dos trabalhadores por ocasião da transmissão da empresa ou do estabelecimento, e quanto às situações de *lay-off*).

Já no que toca a situações não conflituais, são qualificados em alguns sistemas como acordos colectivos atípicos, acordos de âmbito específico entre as comissões de trabalhadores e os empregadores – assim, por exemplo, os *accords d'intéressement* do direito francês relativos à participação dos trabalhadores nos resultados da empresa[62].

ii) De outra parte, *são referidas como negociação colectiva atípica práticas de contratação colectiva em sentido próprio (no sentido em que é outorgada pelas entidades previstas para esse efeito pela lei), mas às quais faltam formalidades essenciais ou cujo conteúdo se afasta significativamente do regime legal da contratação colectiva*: exemplo da primeira categoria de situações é a qualificação, pela nossa jurisprudência, como negociação colectiva atípica, de acordos colectivos

---

[62] Os *accords d'intéressement* estão actualmente previstos no art. L. 3312-2 do *Code du travail* e podem ser outorgados tanto pelas associações sindicais (no âmbito de uma convenção colectiva de trabalho) como em instrumento autónomo, ou negociado directamente entre o empregador e as comissões de trabalhadores ou através de ratificação pelos trabalhadores de uma proposta de acordo feita pelo empregador (art. L 3312-5 do *Code du travail*). Este tipo de acordos tem alguma tradição no direito francês, sendo já previsto no anterior *Code du travail* (art. L. 411-1 e 422-11) e evidencia uma competência partilhada das associações sindicais e das comissões de trabalhadores nesta matéria, que constitui uma excepção ao princípio de exclusividade do direito de contratação colectiva pelas associações sindicais (art. L. 2231-1 do *Code du travail*). Sobre os *accords d'intéressement* no direito francês, *vd*, entre outros, J. SAVATIER, *Les accords collectifs d'intéressement et de participation*, DS, 1988, 1, 89-98, ou RAYMONDE VATINET, *La négociation au sein du comité d'entreprise cit.*, 675. Em todo o caso, como observa G. LYON-CAEN, *Unité de négociation et capacité de negocier*, DS, 1982, 11, 687-690 (688), a legitimidade negocial das comissões de trabalhadores para outorgarem os *accords d'intéressement* é excepcional, uma vez que em matéria de negociação colectiva, o princípio geral é o da competência exclusiva das associações sindicais.

Surgimento e Delimitação Geral da Negociação Colectiva Atípica 59

de trabalho adequadamente outorgados pelo empregador e pela associação sindical, que, todavia, não foram entregues para depósito nos serviços administrativos competentes nem publicados nos termos gerais[63-64]; exemplo da segunda categoria de situações são os casos, referidos na Bélgica e no Canadá, de acordos colectivos de trabalho regularmente outorgados por associações sindicais mas que estabelecem um prazo de vigência muito superior ao previsto na lei[65].

As situações descritas não correspondem ao fenómeno de negociação colectiva atípica de que aqui nos ocupamos.

A segunda categoria de situações não corresponde à negociação colectiva atípica que estamos a apreciar, porque envolve uma convenção colectiva de trabalho em sentido próprio, já que é celebrada pelas entidades legalmente competentes para o efeito: as associações

---

[63] O dever de depósito da convenção colectiva de trabalho nos serviços administrativos competentes consta actualmente do art. 494.º do CT, sendo a publicação deste instrumento de regulamentação colectiva do trabalho regulada pelo art. 519.º do Código.

[64] Neste sentido, *vd* o Ac. STJ de 27/11/2002 (Proc. n.º 02S2237), http://vlex.pt/vid/ 22610678, e o Ac. STJ de 4/09/2003 (Proc. n.º 03S190), www.dgsi.pt. O mesmo problema foi apreciado pela jurisprudência francesa, que acabou por admitir a validade das convenções colectivas de trabalho não depositadas nos termos legais, por considerar o dever de depósito apenas como uma condição de eficácia da convenção – em apreciação desta jurisprudência, pode ver-se, entre outros, MICHEL DESPAX, *La mesure de l'application de la loi... cit.*, 673.

[65] No caso ocorrido na Bélgica (referido *in Giroline – European Industrial Relations Observatory on on-Line,* www.eurofound.europa.eu/eiro/2007/02/articles/be0702019i.htm), foi qualificada como acordo colectivo atípico uma convenção colectiva de trabalho no sector têxtil, outorgada por associações sindicais do sector e pelos empregadores, que estabeleceu como tempo de vigência o período de 4 anos, quando o máximo legal é de 2 anos. No Canadá, a organização *Human Resources and Social Development Canada* (www.hrsdc.gc.ca) identifica vários acordos colectivos que se encontram em negociação permanente, com o objectivo de promover uma maior flexibilidade das suas disposições num ambiente de maior aproximação entre os trabalhadores e o *management*, e que têm versado as principais matérias laborais (com destaque para as matérias relativas a salários, segurança no emprego, organização do trabalho, participação dos trabalhadores na gestão, deveres de informação, e comités de revisão periódica do próprio acordo); estes acordos foram assinalados no Québec e têm sido celebrados entre empregadores e associações sindicais em situações de depressão económica com a particularidade de terem um tempo de vigência que varia entre os 4 e os 9 anos, o que excede o prazo legal máximo de vigência das convenções colectivas de trabalho, que é de 3 anos.

sindicais. De facto, tanto no caso de irregularidades formais no processo formativo como no caso do afastamento de exigências de conteúdo da convenção colectiva de trabalho, o instrumento de regulamentação colectiva não se torna, por isso, atípico, ainda que possa vir a ser declarado inválido, enquanto tal.

Já quanto à primeira categoria de situações, a sua diversidade impede uma apreciação unitária, até porque algumas delas são, efectivamente, muito próximas da negociação colectiva em sentido próprio – é o caso do *accord d'intéressement* do sistema francês[66]. De todo o modo, estas situações também não se confundem com o fenómeno objecto do nosso estudo, por duas razões:

i) Em algumas delas a situação é diferente porque a negociação em causa não corresponde a um processo conducente a um acordo global sobre as condições de trabalho dos trabalhadores de determinado âmbito profissional, económico ou empresarial, mas sim a uma negociação episódica, de verificação eventual e com um conteúdo limitado[67] (assim, o acordo para pôr termo a uma greve, ou o acordo sobre medidas de protecção dos trabalhadores abrangidos por um despedimento colectivo, por uma transmissão do estabelecimento ou por um *lay-off*);

ii) Noutros casos, estas práticas não correspondem a uma negociação legalmente atípica, já que estão formalmente previstas na lei como um mecanismo específico para prosseguir aqueles efeitos. Por outras palavras, a intervenção das estruturas não sindicais de representação dos trabalhadores nestes casos corresponde ao exercício de uma prerrogativa que lhes é conferida pela lei – assim, estas práticas podem ou não corresponder a uma forma de negociação colectiva não sindical, mas, em qualquer caso, são legalmente típicas.

---

[66] As afinidades do *accord d'intéressement* francês com uma convenção colectiva de trabalho em sentido próprio são evidentes, porque se trata de estabelecer um regime uniforme para os trabalhadores de uma certa empresa, em matéria de participação nos lucros. Ainda assim, a figura diferencia-se de uma verdadeira convenção colectiva, porque tem como objecto uma matéria muito específica e não o conjunto do regime dos contratos de trabalho, sobre os quais as convenções colectivas de trabalho podem dispor, no exercício da sua autonomia colectiva.

[67] Neste sentido em apreciação dos protocolos de cessação de uma greve, QUENAUDON, *Des protocoles de fin de conflit...cit.*, 403.

Surgimento e Delimitação Geral da Negociação Colectiva Atípica 61

Por fim, decorre facilmente do que foi dito que o fenómeno de negociação colectiva atípica, de que aqui nos ocupamos, não se confunde com aquelas situações em que o direito de negociação colectiva é legalmente atribuído não apenas às associações sindicais mas a outros representantes dos trabalhadores, *verbi gratia*, às comissões de trabalhadores. É o que como sucede, por exemplo, na Alemanha, que, afastando-se do princípio tradicional do monopólio sindical da contratação colectiva, assenta o seu sistema de contratação colectiva na coexistência entre contratos colectivos de trabalho (*Tarifverträge*) outorgados por associações sindicais, e acordos de empresa (*Betriebsvereinbarungen*), outorgados, ao nível da empresa, entre o empregador e a comissão de trabalhadores, e que contêm também um conjunto de regras sobre os vínculos laborais, que revestem natureza vinculativa e são de aplicação directa aos trabalhadores da empresa[68].

Não sendo esse o caso do sistema português, em que, por determinação constitucional e legal, o direito de contratação colectiva é atribuído em exclusivo às associações sindicais, *surge uma questão de negociação colectiva atípica em sentido estrito sempre que o poder de autodeterminação das condições de trabalho para um conjunto de trabalhadores através da instituição de um regime uniforme pelos seus representantes colectivos (i.e., a autonomia colectiva) seja exercido por entidades não sindicais.*

III. Uma vez identificado, agora com mais clareza, o fenómeno da negociação colectiva atípica em sentido estrito, que nos ocupa nesta sede, vamos então concentrar-nos em algumas experiências práticas de negociação colectiva atípica, para delas extrairmos o

---

[68] Como já se referiu, os *Tarifverträge* são regulados pela TVG e assentam no direito constitucional de autonomia colectiva (art. 9.° § 3 da GG), ao passo que os *Betriebsvereinbarungen* decorrem do direito de cogestão e são previstos no § 77 da BetrVG. A lei estabelece que as matérias tradicionalmente objecto dos contratos colectivos (*verbi gratia*, as matérias da remuneração e das condições de trabalho) não podem ser objecto dos acordos de empresa, a não ser que o próprio contrato colectivo o preveja, mas, para além desta limitação, o conteúdo dos referidos acordos pode ser muito amplo, em consonância com os amplos poderes de intervenção e actuação da comissão de trabalhadores no âmbito do direito de cogestão (nos termos dos §§ 87 e 88 da BetrVG) e desde que não contrariem a lei ou os contratos colectivos (§ 87 Abs. 1, primeira parte, da BetrVG).

62   *Negociação Colectiva Atípica*

necessário contributo para a conceptualização definitiva do fenómeno objecto da nossa Lição.

Por ser o caso mais conhecido e paradigmático no nosso país, focaremos a nossa atenção no Acordos Colectivos da Autoeuropa, que elegemos como *case study* da Lição.

Segundo as informações que pudemos coligir, a prática de negociação colectiva à margem das estruturas sindicais nesta empresa vem-se desenvolvendo desde 1994 até hoje, com a celebração de sucessivos acordos laborais (num total de oito acordos globais e, pelo menos, dois acordos intercalares sobre matérias mais específicas)[69].

A análise do conjunto destes Acordos permite extrair os seguintes elementos quanto à sua estrutura e conteúdo:

i) Todos os Acordos são outorgados pela administração da empresa e pela comissão de trabalhadores.

ii) De quase todos os Acordos consta uma cláusula relativamente ao tempo de vigência do mesmo[70]. De alguns Acordos consta também uma cláusula sobre a respectiva incidência subjectiva, que coincide, regra geral, com o conjunto dos trabalhadores da empresa[71]. Por fim, a partir de certa altura, os Acordos

---

[69] O primeiro Acordo a que tivemos acesso data de 12 de Outubro de 1994, mas seguem-se-lhe um Acordo de 18 de Outubro de 1995, um Acordo celebrado para o período de 1996 a 1998, um Acordo para o período de 1998/1999 e um Acordo para o período de 2000/2002. Em Outubro de 2003 foi celebrado um novo Acordo para cobrir o período entre 2003 e 2005, e em Outubro de 2006 foi firmada uma nova versão do Acordo, para o biénio 2006/2008, que esteve em vigor até 30 de Setembro de 2008. No final de Novembro de 2008 foi celebrado um outro Acordo, com eficácia retroactiva a 1 de Outubro do mesmo ano e destinado a vigorar até Setembro de 2010. Ao longo deste tempo, foram ainda celebrados pelo menos dois acordos intercalares, sobre matérias mais específicas: o primeiro Acordo intercalar foi celebrado em Novembro de 2001 e versou a matéria dos salários e de prémios de produtividade; o segundo Acordo foi celebrado em Março de 2003 e versou as matérias da organização do tempo de trabalho.

[70] Assim, o Acordo de 12 de Outubro de 1994 (disposição introdutória), estabelecia um prazo de vigência de um ano, tal como o Acordo de 18 de Outubro de 1995 (cláusula 1.ª), e o Acordo de 1998/1999 (cláusula 1.ª). Noutros Acordos, o prazo de vigência previsto é de dois anos (Acordo de 1996/1998, cláusula 1.ª, Acordo de 2000/2002, cláusula 1.ª, Acordo de 2003/2003, cláusula 2.ª, e Acordo de 2006/2008, cláusula 1.ª, e Acordo de 2008/2010, cláusula 1.ª).

[71] Por exemplo, Acordo para o período de 1998/1999, cláusula 1.ª, Acordo intercalar de reorganização do tempo de trabalho, celebrado em Março de 2003, cláusula 1.ª.

Surgimento e Delimitação Geral da Negociação Colectiva Atípica 63

contêm uma cláusula de salvaguarda do regime resultante da lei ou das convenções colectivas de trabalho do sector (no caso, o contrato colectivo de trabalho para o sector automóvel), que a empresa se compromete a observar, quando mais favorável[72].

iii) Relativamente aos contratos de trabalho, os Acordos dispõem sobre o regime a aplicar aos trabalhadores da empresa em termos muito amplos[73]. Assim, são disciplinadas em todos ou na maioria destes Acordos as seguintes matérias:

1. *Remuneração*: nesta matéria, os Acordos estabelecem as percentagens de aumento salarial[74] e definem critérios de progressão salarial[75], regulam a periodicidade da revisão salarial[76], instituem prémios como o prémio de objectivos[77], o prémio especial de assiduidade[78], ou a gratificação especial por adaptabilidade laboral[79], e subsídios como o

---

[72] Por exemplo, cláusula 10.ª do Acordo para o período de 1996/1998, cláusula 10.ª do Acordo para o período de 1998/1999, cláusula 17.ª do Acordo para o período de 2000/2002, cláusula 4.ª do Acordo intercalar em matéria salarial de Novembro de 2001, cláusula 11.ª do Acordo para o período de 2003/2005, cláusula 15.ª do Acordo para o período de 2006/2008, e cláusula 12.ª n.º 2 do Acordo para o período de 2008/2010.

[73] Estamos neste contexto a referir-nos aos acordos gerais e não, obviamente, aos acordos intercalares sobre matérias mais específicas.

[74] Acordo de 12 de Outubro de 1994, cláusula 1.ª, Acordo de 18 de Outubro de 1995, cláusula 3.ª, Acordo para o período de 1996/1998, cláusula 3.ª, Acordo para o período de 1998/99, cláusula 2.ª, Acordo para o período de 2000/2002, cláusula 2.ª, Acordo para o período 2003/2005, cláusula 3.ª, Acordo para o período de 2006/2008, cláusula 2.ª, e Acordo para o período de 2008/2010, cláusula 2.ª.

[75] Por exemplo, o Acordo de 18 de Outubro de 1995, ponto 3 c) d) e) e Anexos I e II sobre progressão salarial.

[76] Por exemplo, o Acordo de 12 de Outubro de 1994, ponto 1, e o Acordo de 18 de Outubro de 1995, ponto 1.

[77] Por exemplo, Acordo para o período de 1998/99, cláusula 3.ª e Anexo I, mas também Acordo para o período de 2000/2002, cláusula 3.ª e Anexo, Acordo para o período 2003/2005, cláusula 4.ª n.º 2, Acordo para o período de 2006/2008, cláusula 4.ª, e Acordo para o período de 2008/2010, cláusula 3.ª.

[78] O prémio especial é instituído pelo Acordo intercalar em matéria remuneratória, celebrado em Novembro de 2001 (cláusula 3.ª), mas é mantido pelos Acordos gerais seguintes – cfr. Acordo para o período 2003/2005, cláusula 4.ª n.º 1.

[79] Acordo para o período de 2006/2008, cláusula 3.ª.

subsídio de turno[80], o subsídio de refeição[81], o subsídio de férias majorado em determinadas circunstâncias[82], ou o subsídio de gravidez[83].

2. *Tempo de trabalho*: nesta matéria, é regulado o horário de trabalho e instituído um regime de turnos rotativos, logo no Acordo de 1994[84], mas a matéria é retomada nos Acordos seguintes[85], com referências ao período de descanso dos trabalhadores[86], ao aperfeiçoamento do regime de turnos e à instituição de um horário de laboração contínua[87], ou à definição de calendários anuais de trabalho, e ainda com a previsão de paragens colectivas de trabalho para adequação da actividade da empresa a flutuações de mercado[88]. Por fim, para fazer face às maiores flutuações da produção, o Acordo intercalar de Novembro 2003 instituiu um novo sistema de organização do tempo de trabalho, que inclui medidas como a troca de aumentos salariais por dias de descanso e a introdução de uma «conta de tempo» que assegura o pagamento de dias de não trabalho. Esta matéria é retomada nos Acordos globais seguintes[89].

4. *Regime de férias*: relacionadas com a matéria da organização dos tempos de trabalho, em muitos dos Acordos encontram-se disposições sobre a distribuição das férias[90] e, nos

---

[80] Por exemplo, o Acordo de 18 de Outubro de 1995, cláusula 2.ª, mas também o Acordo para o período de 1996/1998, cláusula 5.ª a).

[81] Acordo para o período de 1996/1998, cláusula 5.ª b).

[82] Por exemplo, Acordo para o período de 1998/99, cláusula 8.ª b).

[83] Acordo para o período de 2000/2002, cláusula 14.ª, Acordo para o período de 2003/2005, cláusula 9.ª, e Acordo para o período de 2006/2008, cláusula 10.ª.

[84] Acordo de 12 de Outubro de 1994, cláusula 2.ª e Anexo.

[85] Por exemplo, no Acordo de 18 de Outubro de 1995, cláusula 2.ª, e, mais recentemente, no Acordo para o período de 2006/2008, cláusula 11.ª.

[86] Por exemplo, Acordo de 18 de Outubro de 1995, cláusula 9.ª.

[87] Acordo para o período de 1996/1998, cláusula 2.ª e Anexos I, II.

[88] Acordo para o período de 1996/1998, cláusula 4.ª e Anexos III e IV, mas também Acordo para o período de 1998/99, cláusula 4.ª, Acordo para o período de 2000/2002, cláusula 5.º, e ainda Acordo para o período de 2008/2010, cláusula 5.ª.

[89] Por exemplo, Acordo para o período de 2003/2005, cláusula 10.ª.

[90] Por exemplo, Acordo para o período 1998/1999, cláusula 4.ª e, Acordo para o período 2000/2002, cláusula 5.ª, ambos prevendo «corredores de férias» e paragens colectivas para adequação às flutuações de produção.

Acordos mais recentes, sobre a majoração do direito a férias[91].

5. *Modalidades de contrato de trabalho*: nesta matéria, destaca-se a preocupação dos Acordos com o regime do contrato a termo[92] e, nesse contexto, são previstas disposições de favorecimento da conversão dos contratos de trabalho a termo em contratos por tempo indeterminado[93].

6. *Critérios de avaliação do desempenho* dos trabalhadores associados aos prémios de objectivos[94].

7. *Formação profissional e regime a aplicar aos trabalhadores estudantes*[95], incluindo a previsão de programas de assistência ao desenvolvimento do trabalhador[96].

8. *Serviços de cantina e acessórios* proporcionados pela empresa[97].

9. *Serviços de assistência médica*[98] *e seguro de saúde*[99].

---

[91] Por exemplo, Acordo para o período 2003/2005, cláusula 5.ª, Acordo para o período 2006/2008, cláusula 6.ª, e Acordo para o período de 2008/2010, cláusula 5.ª.

[92] Por exemplo, Acordo de 12 de Outubro de 1994, cláusula 3.ª b).

[93] Por exemplo, Acordo de 18 de Outubro de 1995, cláusula 5.ª, mas também Acordo para o período de 1996/1998, cláusula 6.ª, Acordo para o período de 1998/99, cláusula 6.ª, Acordo para o período de 2000/2002, cláusula 8.ª, Acordo para o período 2003/2005, cláusula 7.ª.

[94] Por exemplo, Acordo para o período de 1996/1998, Anexo VII, e Acordo para o período de 2000/2002, cláusula 4.ª.

[95] Por exemplo, Acordo de 12 de Outubro de 1994, cláusula 4.ª, Acordo para o período de 1998/99, cláusula 8.ª a), Acordo para o período de 2003/2005, cláusula 8.ª n.º 3, Acordo para o período de 2006/2008, cláusula 9.ª n.º 3, e Acordo para o período de 2008/2010, cláusula 7.ª n.º 3.

[96] Por exemplo, Acordo de 18 de Outubro de 1995, cláusula 7.ª, mas também o Acordo para o período de 1996/1998, cláusula 5.ª c).

[97] Por exemplo, Acordo de 12 de Outubro de 1994, cláusula 5.ª, mas também Acordo de 18 de Outubro de 1995, cláusula 8.ª.

[98] Acordo para o período de 1996/1998, cláusula 7.ª b) n.os 2, 3 e 4; Acordo para o período de 1998/99, cláusula 5.ª b).

[99] A instituição de um seguro de saúde é já prevista na cláusula 6.ª do Acordo de 12 de Outubro de 1994, e esta matéria é regulada também no Acordo para o período de 1996/1998, cláusula 7.ª a) e Anexo V, no Acordo para o período de 1998/99, cláusula 5.ª a), no Acordo para o período de 2000/2002, cláusula 7.ª b), no Acordo para o período de 2003/2005, cláusula 8.ª n.º 5, no Acordo para o período de 2006/2008, cláusula 9.ª n.os 5 e 6, e Acordo para o período de 2008/2010, cláusula 7.ª n.º 5.

10. *Acidentes de trabalho*: nesta matéria é prevista a antecipação aos trabalhadores do pagamento das prestações correspondentes ao seguro de acidentes de trabalho[100].

11. *Segurança e saúde dos trabalhadores*: nesta matéria encontramos disposições sobre a ergonomia nos postos de trabalho[101], sobre a recolocação de trabalhadores com restrições médicas em postos de trabalho adequados e sobre as condições de trabalho das trabalhadoras grávidas em regime de turnos[102].

12. *Regalias sociais e outras*: neste âmbito, o Acordo de 1994 já se refere à instituição de um fundo de pensões, à instituição de um fundo de crédito para os trabalhadores e de facilidades de crédito para a compra de automóvel pelos trabalhadores, e ainda à instituição de um clube social e de uma creche na empresa, bem como à outorga de um subsídio para a compra de livros e de equipamento escolar para os filhos dos trabalhadores[103]. Nos Acordos seguintes, algumas destas matérias continuam a ser contempladas[104] e são previstas novas regalias como a instituição de um seguro de vida[105] e a criação de um clube desportivo[106] e a

---

[100] Por exemplo, Acordo de 18 de Outubro de 1995, Anexo III. A matéria é retomada noutros acordos, como o Acordo para o período de 2000/2002, cláusula 6.ª.

[101] Por exemplo, Acordo para o período de 2006/2008, cláusula 7.ª, e Acordo para o período de 2008/2010, cláusula 6.ª.

[102] Acordo para o período de 2000/2002, cláusulas 9.ª e 14.ª, Acordo para o período 2003/2005, cláusulas 6.ª e 9.ª, Acordo para o período de 2006/2008, cláusulas 7.º n.º 2 e 10.º, e Acordo para o período de 2008/2010, cláusula 9.ª.

[103] Todas estas medidas são contempladas ou, pelo menos, referidas como tendo sido objecto de negociação num ou noutro sentido, na cláusula 6.º do Acordo de 12 de Outubro de 1994.

[104] Assim, por exemplo, o Acordo de 18 de Outubro de 1995, cláusula 8.ª, refere-se ao sistema de seguros de saúde em vigor na empresa e à institucionalização do Clube Autoeuropa. O Acordo para o período de 1996/1998, cláusula 7.ª a) e Anexo V prevê o aumento da cobertura do seguro de saúde.

[105] Acordo de 18 de Outubro de 1995, cláusula 6.ª, mas também Acordo para o período de 1996/98, cláusula 7.ª c), Acordo para o período de 1998/99, cláusula 5.ª c), Acordo para o período de 2000/2002, cláusula 7.ª a), Acordo para o período de 2003/2005, cláusula 8.ª n.º 4, e Acordo para o período de 2006/2008, cláusula 9.ª n.º 4.

[106] Acordo para o período de 1996/98, cláusula 9.ª, e Acordo para o período de 2003/2005, cláusula 8.ª n.º 1.

Surgimento e Delimitação Geral da Negociação Colectiva Atípica   67

disponibilização de actividades de cultura e lazer[107], o adiantamento do pagamento de subsídios[108], o acesso a cartões de gasolina[109], ou o acesso a condições especiais para a subscrição privada de um plano de poupança reforma[110].

iv) Por fim, os Acordos são objecto de um processo de ratificação promovido pela comissão de trabalhadores, sendo submetidos a votação dos próprios trabalhadores. Uma vez ratificados pela maioria dos trabalhadores (em percentagem que tem variado nos diversos Acordos), estes Acordos têm sido aplicados a todos os trabalhadores da empresa.

IV. Os elementos recolhidos permitem estabelecer as seguintes *conclusões quanto à configuração dos Acordos laborais da Autoeuropa*, que escolhemos como *case study* desta Lição:

1. *Os acordos apreciados decorrem de um processo negocial bastante dinâmico e traduzem-se numa regulamentação uniforme das condições de trabalho de um determinado universo de trabalhadores à margem das associações sindicais.* Da sucessão destes acordos retira-se também que têm sido, em geral, respeitados pelas partes durante a respectiva vigência.

2. *Do ponto de vista da sua estrutura interna, é possível descortinar nestes acordos regras de dois tipos: regras atinentes às relações entre as partes outorgantes; e regras a aplicar aos trabalhadores do universo a atingir.* Por outras palavras, *à imagem do que sucede com a convenção colectiva de trabalho em sentido próprio, estes acordos têm um conteúdo que se poderia qualificar como «obrigacional» e um conteúdo «normativo» ou «regulativo»; e tal como na convenção colectiva de trabalho em sentido próprio, a parcela «normativa» corresponde ao conteúdo essencial do acordo.*

---

[107] Por exemplo, Acordo para o período 2006/2008, cláusula 5.ª, e Acordo para o período de 2008/2010, cláusula 4.ª.

[108] Acordo para o período de 1996/98, cláusula 7.ª d), Acordo para o período de 1998/99, cláusula 8.ª c), Acordo para o período de 2003/2005, cláusula 8.ª n.º 2, Acordo para o período de 2006/2008, cláusula 9.ª n.º 2, e Acordo para o período de 2008/2010, cláusula 7.ª n.º 2.

[109] Acordo para o período de 2000/2002, cláusula 12.ª, Acordo para o período de 2006/2008, cláusula 9.ª n.º 3, e Acordo para o período de 2008/2010, cláusula 7.ª n.º 1.

[110] Acordo para o período de 2000/2002, cláusula 16.ª.

3. Especificamente no que toca ao conteúdo «normativo», estes acordos correspondem a uma regulamentação de largo espectro, uma vez que incidem sobre os mais importantes aspectos do regime laboral dos trabalhadores. Dito de outro modo, e contrariamente às outras experiências de negociação colectiva atípica em sentido amplo acima referidas, que têm um âmbito material circunscrito, *o conteúdo destes acordos coincide com o conteúdo regulativo típico de uma convenção colectiva de trabalho em sentido próprio.*

4. *Quanto à índole geral desta regulamentação, ressalta da análise do conjunto dos acordos que se trata de uma regulamentação de conteúdos flexíveis e de cunho fortemente transaccional,* no sentido em que o equilíbrio entre os interesses das partes é conseguido através de sucessivas e relevantes modificações do regime legal aplicável aos trabalhadores em matérias chave como a organização do tempo de trabalho ou os complementos retributivos.

Aliás, a índole transaccional desta regulamentação fica patente em declarações feitas pelas partes na maioria dos acordos, referindo sistematicamente que as soluções encontradas têm como objectivo a adequação da empresa às exigências e flutuações do mercado do sector[111], mas também a manutenção dos postos de trabalho, e sendo mesmo assumido, em alguns casos, pela empresa, o compromisso de não recorrer a despedimentos colectivos durante a vigência do acordo em troca do cumprimento do mesmo pelos trabalhadores[112].

Assim, quando comparados com os instrumentos de regulamentação colectiva do trabalho em sentido próprio (designadamente com o contrato colectivo do sector automóvel), estes acordos patenteiam um grau de flexibilidade e uma capacidade de adaptação muito superior.

---

[111] Nesta linha, veja-se, a título de exemplo, a parte introdutória do Acordo para o período de 2006/2008.

[112] Neste sentido, vejam-se as cláusulas 1.ª e 7.ª do Acordo Intercalar de Março de 2003, sobre a organização do tempo de trabalho, as cláusulas 1.ª e 10.ª n.º 1 do Acordo para o período de 2003/2005, a cláusula 14.ª do Acordo para o período de 2006/2008, e ainda a cláusula 11.ª n.º 1 do Acordo para o período de 2008/2010.

Surgimento e Delimitação Geral da Negociação Colectiva Atípica   69

5. Ainda quanto à índole geral, *é patente nestes acordos uma certa aproximação da comissão de trabalhadores à administração, pelo seu envolvimento nas mais variadas matérias de gestão* – assim, em matérias de organização do tempo de trabalho[113], a propósito da política de conversão dos contratos de trabalho a termo em contratos por tempo indeterminado[114] e, em geral, sobre a política de recrutamento interno[115] ou a propósito da política de progressão salarial[116].

E, no mesmo espírito de aproximação entre as partes outorgantes dos acordos, devem também ser assinaladas as referências à intenção de resolver os conflitos decorrentes da interpretação ou aplicação dos acordos pela via do diálogo directo e expedito entre a administração e a comissão de trabalhadores – o que constitui, substancialmente, o embrião de uma cláusula de paz social[117].

6. Por fim, observa-se que *estes acordos (pelo menos os mais recentes) assumem a sua relação com as fontes laborais, uma vez que remetem para estas quando mais favoráveis.* O alcance desta remissão é, contudo, difícil de avaliar, já que os regimes constantes destes acordos parecem aplicar-se, na prática, independentemente de qualquer juízo de maior favorabilidade e mesmo quanto a regras patentemente menos favoráveis do que a lei[118].

---

[113] Por exemplo, o Acordo Intercalar de Março de 2003, sobre a organização do tempo de trabalho, mas também, nos acordos globais, Acordo para o período de 2003/2005, cláusula 10.ª n.º 1, Acordo para o período de 2006/2008, cláusula 11.ª n.º 2, e Acordo para o período de 2008/2010, cláusula 5.ª.

[114] Por exemplo, Acordo para o período de 2003/2005, cláusula 7.ª, Acordo para o período de 2006/2008, cláusula 8.ª n.º 2, e Acordo para o período de 2008/2010, cláusula 12.ª n.º 2.

[115] Por exemplo, Acordo para o período de 1996/1998, cláusula 8.ª, e Acordo para o período de 2008/2010, cláusula 10.ª.

[116] Por exemplo, Acordo para o período de 1998/1999, cláusula 9.ª, e Acordo para o período de 2000/2002, cláusula 15.ª.

[117] Neste sentido, dispõem, por exemplo, a cláusula final do Acordo de 18 de Outubro de 1995 ou a cláusula final do Acordo para o período de 1996/1998

[118] Assim, por exemplo, a previsão de tempos de paragem colectiva do trabalho, em função das flutuações do mercado, que tem sido posta em prática à margem do sistema legal de *lay-off*, ou o pagamento das horas de trabalho suplementar abaixo dos limites legais mínimos.

70 *Negociação Colectiva Atípica*

Um elemento adicional a ter em conta, que ajuda, porventura, a compreender a dinâmica particular desta negociação colectiva na Autoeuropa é o facto de esta empresa ser de origem alemã. Esta marca genética pode explicar a tendência para transpor para o quadro desta empresa subsidiária práticas correntes daquele país na gestão e na regulamentação dos contratos de trabalho, ao nível da empresa, que se desenvolveram ao abrigo do direito de cogestão (*Mittbestimmungsrecht*) e com base no já referido sistema de repartição de competências em matéria de contratação colectiva, que determina a coexistência de convenções colectivas (*Tarifverträge*), celebradas pelas associações sindicais, e de acordos de empresa (*Betriebsvereinbarungen*), outorgados pela comissão de trabalhadores: no caso da Autoeuropa, a maior aproximação entre as comissões de trabalhadores e os órgãos executivos da empresa, que inere ao sistema germânico de cogestão, explicaria a especial predisposição colaborativa das partes, que fica patente nestes acordos; e estes acordos laborais poderiam corresponder, *grosso modo*, aos *Betriebsvereinbarungen* germânicos.

O que sucede, como vamos ver na segunda parte da Lição, é que o diferente enquadramento normativo da matéria da contratação colectiva no nosso sistema jurídico faz com que estes acordos – ou quaisquer outros de índole idêntica que sejam celebrados noutras empresas – suscitem problemas jurídicos que não teriam no sistema jurídico germânico.

6.2. *Conceptualização dos fenómenos da negociação colectiva atípica e do acordo colectivo atípico (conclusões)*

As conclusões a que chegámos com referência ao nosso *case study* habilitam-nos a proceder à conceptualização do fenómeno da negociação colectiva atípica e dos acordos colectivos atípicos dela resultantes em termos gerais.

Assim, perante o exposto e confirmando a apresentação geral do fenómeno feita no início da Lição, reconhecemos na negociação colectiva atípica e no acordo colectivo atípico os seguintes *elementos essenciais*:

Surgimento e Delimitação Geral da Negociação Colectiva Atípica　　71

1. A negociação colectiva atípica corresponde a um *processo negocial em sentido próprio*, na medida em que traduz uma composição de interesses opostos das partes e culmina (ou tende a culminar) num acordo, que é, inequivocamente, o produto da vontade das partes outorgantes. Ela manifesta assim o princípio geral da autonomia privada (art. 405.º do CC).

2. O acordo que emerge desta negociação é, sem dúvida, um *acordo laboral*, uma vez que é outorgado por entes laborais e versa sobre matérias laborais.

3. Esta negociação e este acordo correspondem a uma *negociação colectiva e a um acordo colectivo em sentido material*, uma vez que se traduzem num regime laboral uniforme para um determinado universo de trabalhadores e pretendem acautelar os interesses colectivos dos trabalhadores. Neste sentido, pode dizer-se que o acordo colectivo atípico é uma manifestação material do princípio da autonomia colectiva.

4. O *acordo colectivo atípico tem um conteúdo amplo e materialmente coincidente com o conteúdo de uma convenção colectiva de trabalho*, porque, para além de instituir direitos e deveres para as partes, institui um regime global para os vínculos de trabalho abrangidos.

5. *A negociação colectiva atípica é uma negociação liderada por representantes dos trabalhadores, que não são associações sindicais* e sim comissões de trabalhadores. No sistema jurídico nacional, é justamente neste ponto que reside a atipicidade destes instrumentos, uma vez que a Constituição e a lei não prevêem (ao menos expressamente) que as comissões de trabalhadores possam celebrar este tipo de acordos.

6. Por fim, *as comissões de trabalhadores outorgam formalmente o acordo colectivo atípico na qualidade de representantes dos trabalhadores*; e parece também ser com base nesse nexo representativo que tal acordo se aplica ao universo de trabalhadores da empresa, uma vez que a sua eficácia não é condicionada por qualquer outra formalidade legal, não havendo, designadamente, neste caso, lugar nem ao depósito administrativo nem à publicação deste instrumento, ao contrário do que sucede com os instrumentos de regulamentação colectiva do trabalho em sentido próprio.

Conceptualizado, em definitivo, o fenómeno em estudo, e tendo em conta o sistema nacional de negociação e contratação colectiva, cujos traços essenciais recordámos no início da Lição, tornam-se evidentes os problemas dogmáticos suscitados por este fenómeno no quadro daquele sistema.

É à apreciação destes problemas que vamos dedicar a segunda parte da nossa Lição.

§ 3.º
Problemas Dogmáticos
da Negociação Colectiva Atípica

7. O problema da admissibilidade da negociação colectiva não sindical

7.1. *Posicionamento do problema em face do ordenamento jurídico nacional*

O primeiro problema suscitado pela negociação colectiva atípica e pelos acordos colectivos atípicos, no quadro do ordenamento jurídico português, é o problema da sua admissibilidade.

Como se referiu na primeira parte da Lição, o nosso sistema de contratação colectiva assenta na representação dos trabalhadores pelas associações sindicais, como é, aliás, tradicional. Assim, a Constituição e a lei atribuem o direito de contratação colectiva a estas associações (art. 56.º n.º 3 da CRP e arts. 2.º n.º 3 e 443.º n.º 1 a) do CT)[119].

Neste contexto, o nosso problema deixa-se equacionar facilmente e em moldes interrogativos: *tendo em conta que o direito de contratação colectiva é, por determinação constitucional, atribuído às associações sindicais (art. 56.º n.º 3 da CRP), sendo esse ditame*

---

[119] No nosso sistema jurídico, a atribuição de competência às associações sindicais nesta matéria é ainda explicável pelo facto de as comissões de trabalhadores serem uma entidade de representação dos trabalhadores relativamente recente, uma vez que só foram instituídas com a Constituição de 1976, ou seja, numa época em que a contratação colectiva já tinha largos anos de experiência sob a liderança das associações sindicais. Neste contexto, a Lei Fundamental optou por continuar a referenciar o direito de contratação colectiva às associações sindicais, que sempre o tinham exercido, e, naturalmente, a lei laboral desenvolveu este sistema.

constitucional retomado e desenvolvido pela lei (art. 2.º n.º 3 e art. 443.º n.º 1 a) do CT), até que ponto podem outras entidades promover e outorgar acordos com um conteúdo material semelhante ao de uma convenção colectiva de trabalho e com o objectivo idêntico de regulamentação uniforme das condições de trabalho de um determinado universo de trabalhadores?

Como decorre do exposto, o problema da admissibilidade da negociação colectiva atípica e dos acordos colectivos atípicos envolve uma questão de constitucionalidade e uma questão de legalidade. O que está em causa é o sentido da norma constante do art. 56.º n.º 3 da CRP, segundo a qual «compete às associações sindicais exercer o direito de contratação colectiva, o qual é garantido nos termos da lei», e também a interpretação a dar às normas do Código do Trabalho que dão continuidade àquele preceito constitucional.

A doutrina tem-se dividido na interpretação deste preceito constitucional, como veremos de imediato.

7.2. *Entendimentos possíveis: apresentação e apreciação crítica: I. Os argumentos constitucionais contra a admissibilidade dos acordos colectivos atípicos; II. Os argumentos em favor do reconhecimento do direito de contratação colectiva a entidades não sindicais de representação dos trabalhadores; III. Apreciação crítica*

I. Para a maioria dos autores, a norma constante do art. 56.º n.º 3 da CRP é clara no sentido de reservar o direito de contratação colectiva às associações sindicais e, consequentemente, no sentido de não estender este direito às comissões de trabalhadores. Por outras palavras, considerou-se, quase sem dissensos, que a Constituição quis instituir um sistema de monopólio sindical da contratação colectiva[120], pelo que nenhuma outra entidade estaria habilitada a celebrar convenções colectivas em representação dos trabalhadores.

---

[120] Neste sentido, J. REIS, *A caducidade e a uniformização das convenções colectivas, a arbitragem obrigatória e a Constituição*, QL, 2003, 22, 155-211(187), ou JORGE LEITE, *Direito do Trabalho cit.*, I, 239. Também no sentido da exclusividade da atribuição do direito constitucional de contratação colectiva às associações sindicais se pronunciou a

Em favor deste entendimento, são classicamente apontados dois *argumentos constitucionais*:

i) O primeiro argumento, de ordem formal e sistemática, decorre da conjugação dos arts. 56.º n.º 3 e 54.º n.º 3 da CRP: estabelecendo-se, na primeira norma, a competência das associações sindicais para a contratação colectiva e não sendo prevista uma competência idêntica das comissões de trabalhadores no enunciado dos respectivos direitos, que consta da segunda norma, é razoável concluir que o legislador constituinte quis, de facto, reservar a contratação colectiva às associações sindicais.

ii) O segundo argumento é de ordem substancial e tem a ver com o escopo essencial do legislador constituinte na instituição destas duas entidades de representação dos trabalhadores, que teria sido a atribuição de funções de representação profissional ou categorial dos trabalhadores às associações sindicais e de funções de representação dos trabalhadores na empresa à comissão de trabalhadores. Ora, dentro desta lógica, as associações sindicais seriam as entidades mais adequadas para exercer o direito de contratação colectiva[121].

Comissão Constitucional (*Parecer n.º 18/78, in Pareceres da Comissão Constitucional,* VI, Lisboa, 1979, 3-60 (9 s., 12, 14 e 19). Ainda assim, veja-se a posição contrária de Mário Pinto, *Direito do Trabalho cit.*, 282 ss., e B. Lobo Xavier, *Alguns pontos críticos das convenções colectivas de trabalho, in* A. J. Moreira (coord.), *II Congresso Nacional de Direito do Trabalho. Memórias,* Coimbra, 1999, 327-344 (339), embora num sentido não totalmente conforme, uma vez que para o primeiro autor a «contratação colectiva» não sindical teria de se considerar, perante a reserva sindical do nosso sistema constitucional, como um caso de contratação atípica mas que é ainda expressão do princípio da autonomia colectiva, ao passo que para o segundo autor serão de admitir como partes com legitimidade para outorgar uma convenção colectiva de trabalho, à luz do art. 56.º da CRP, outras entidades que não os sindicatos, *verbi gratia* as comissões de trabalhadores.

[121] Neste sentido, autores como Gomes Canotilho / Vital Moreira, *Constituição da República Portuguesa Anotada,* 3.ª ed., Coimbra, 1993, 298, considerando que, embora a norma do art. 54.º n.º 4 da CRP não esgote todos os direitos das comissões de trabalhadores, o reconhecimento do direito de contratação colectiva a estas comissões contraria a configuração constitucional destas entidades e não se compadece com as suas funções, para além de se opor à atribuição expressa às associações sindicais de competência nessa matéria, pelo art. 56.º n.º 3. Foi também este o entendimento que sustentámos, por cotejo dos preceitos constitucionais relativos aos direitos das associações sindicais e aos direitos das

76 Negociação Colectiva Atípica

II. A posição referida foi maioritária durante largos anos no panorama juslaboral nacional.

Contudo, este entendimento foi posto em causa por alguns sectores, na sequência da previsão, no Anteprojecto do Código do Trabalho de 2003 (apresentado em 2002)[122], como nova modalidade de convenção colectiva (a par do contrato colectivo de trabalho, do acordo colectivo de trabalho e do acordo de empresa), dos denominados *acordos gerais de empresa*. Nos termos do art. 2.º n.º 4 do referido Anteprojecto, estes acordos corresponderiam a «...convenções outorgadas por uma comissão de trabalhadores e um empregador para uma empresa ou estabelecimento».

Para operacionalizar esta nova figura, o Anteprojecto estabelecia ainda um conjunto de regras sobre a personalidade jurídica da comissão de trabalhadores e a sua capacidade para este efeito, sobre o processo de formação e a outorga formal deste novo instrumento de regulamentação colectiva do trabalho, sobre a sua relação com os restantes instrumentos de regulamentação colectiva e sobre a sua aplicação aos trabalhadores da empresa (arts. 424.º n.º 1, 441.º n.º 2, 549.º n.º 4, 558.º n.º 4, 547.º, 558.º e 565.º do Anteprojecto, respectivamente[123]).

---

comissões de trabalhadores, e, designadamente, tendo em conta que a Lei Fundamental consagra direitos exclusivos das associações sindicais, mas também prevê direitos exclusivos das comissões de trabalhadores (por exemplo, o direito ao controlo de gestão), que têm a ver com a índole e a função de cada uma destas entidades – neste sentido, *vd* ROSÁRIO PALMA RAMALHO, *Direito do Trabalho cit.*, I , 344.

[122] Este Anteprojecto pode cotejar-se *in Código do Trabalho, I – Anteprojecto* (ed. do Ministério da Segurança Social e do Trabalho), Lisboa, 2004.

[123] Vale a pena determo-nos um pouco mais no regime preconizado para esta nova figura no Anteprojecto. Assim, quanto à natureza desta figura, tratar-se-ia de uma nova modalidade de convenção colectiva de trabalho, logo um instrumento de regulamentação colectiva do trabalho de natureza negocial (de acordo com a terminologia dos instrumentos de regulamentação colectiva já utilizada pelo Anteprojecto e que o Código do Trabalho veio a manter) – era o que decorria do art. 2.º do Anteprojecto. O regime desta figura era depois desenvolvido nas seguintes regras: as comissões de trabalhadores passavam a ter personalidade jurídica, adquirida com o registo dos respectivos estatutos nos serviços competentes do Ministério do Trabalho (art. 424.º n.º 1 do Anteprojecto), o que viabilizava formalmente que outorgassem estes acordos; a competência para a celebração dos acordos gerais de empresa por parte das comissões de trabalhadores passou a integrar o conjunto dos direitos destas comissões, constante do art. 441.º n.º 2 do Anteprojecto; nas regras sobre concorrência entre instrumentos de regulamentação colectiva do trabalho, constantes do

Problemas Dogmáticos da Negociação Colectiva Atípica   77

Como é sabido, a figura dos acordos gerais de empresa acabou por não ultrapassar a fase da discussão do Anteprojecto de Código do Trabalho de 2003 na concertação social, pelo que as previsões normativas do Anteprojecto sobre esta matéria já não vieram a constar da Proposta de Lei n.º 29/IX, de 12 de Novembro de 2002, que aprovou aquele Código do Trabalho[124-125].

Contudo, a previsão inicial desta figura no Anteprojecto não deixou de ser justificada perante a Constituição por alguns autores, com vários argumentos.

Assim, foi entendido que o art. 56.º n.º 3 da CRP teria apenas o sentido de habilitar preferencialmente as associações sindicais para o exercício do direito à contratação colectiva, mas dele não se retiraria a exclusividade do exercício do direito por aquelas associações, não só por interpretação exegética do preceito (que não se oporia a esta leitura extensiva)[126], como também fazendo-se apelo ao princípio do

---

art. 547.º do Anteprojecto, o acordo geral de empresa era considerado como uma fonte residual, uma vez que cedia perante os demais instrumentos de regulamentação colectiva do trabalho negociais; quanto à outorga formal do acordo geral de empresa, previa-se a sua assinatura pela comissão de trabalhadores e pelo empregador (art. 549.º n.º 4 do Anteprojecto); como modalidade de convenção colectiva de trabalho, o acordo geral de empresa podia ter exactamente o mesmo conteúdo de qualquer convenção colectiva de trabalho (art. 550.º do Anteprojecto), o seu processo de negociação seria idêntico ao dos restantes instrumentos de regulamentação colectiva do trabalho negociais (arts. 553.º ss. do Anteprojecto), assim como as formalidades de depósito e publicação (art. 558.º n.º 4 do Anteprojecto); o Anteprojecto previa ainda um regime especial de ratificação do clausulado do acordo geral de empresa por referendo promovido pela comissão de trabalhadores junto dos trabalhadores, devendo considerar-se o acordo ratificado desde que tivesse os votos favoráveis de dois terços dos trabalhadores votantes e o número de trabalhadores votantes correspondesse a 25% do número total de trabalhadores da empresa (art. 558.º do Anteprojecto); uma vez ratificado o acordo, nos termos do art. 558.º do Anteprojecto, ele seria aplicável a todos os trabalhadores da empresa; já em caso de não ratificação, o acordo seria aplicável aos trabalhadores que não se lhe opusessem por escrito, no prazo de trinta dias (art. 565.º do Anteprojecto).

[124] Esta Proposta de Lei pode cotejar-se, por exemplo, in *Código do Trabalho, II – Proposta de Lei n.º 29/IX* (ed. do Ministério da Segurança Social e do Trabalho), Lisboa, 2004

[125] Apenas a norma sobre a personalidade jurídica das comissões de trabalhadores acabou por se manter no CT de 2003. Ela corresponde actualmente ao art. 462.º do CT de 2009.

[126] Neste sentido, se pronunciaram, por exemplo, A. MENEZES CORDEIRO, *Inovações e Aspectos Constitucionais sobre o Anteprojecto de Código do Trabalho, in Código do Trabalho, III – Pareceres* (ed. do Ministério da Segurança Social e do Trabalho), Lisboa, 2004, 6-96 (74 s.), P. OTERO, *O Anteprojecto de Código do Trabalho, in Código do Trabalho,*

tratamento mais favorável ao trabalhador[127] e considerando que ambas as entidades representam os interesses colectivos dos trabalhadores e têm mesmo competências sobrepostas; foi ainda considerado que a remissão do art. 56.º n.º 3 da CRP para a lei podia ser interpretada no sentido de viabilizar que a própria lei atribuísse o direito de contratação colectiva a outras entidades[128]; foi também alegado que o direito constitucional das comissões de trabalhadores a participarem na elaboração da legislação laboral incluiria, por maioria de razão, o direito de contratação colectiva[129]; e foi, por fim, avançada a justificação de tal direito como um direito fundamental atípico, ao abrigo do art. 16.º n.º 1 da CRP[130].

Já outros autores consideraram estas normas do Anteprojecto de Código do Trabalho desconformes com a Lei Fundamental por contrariarem a reserva das associações sindicais no exercício do direito de contratação colectiva, nos termos do art. 56.º n.º 3 da CRP[131].

Uma vez que a solução que acabou por vingar no Código do Trabalho de 2003 foi no sentido de não reconhecer às comissões de trabalhadores o direito à contratação colectiva, a questão da constitucionalidade daquelas normas do Anteprojecto de Código do Trabalho está ultrapassada, pelo que não faz sentido pronunciarmo-nos sobre ela.

Mas, justamente porque a solução sobre o direito de contratação colectiva, que acabou por ficar no Código do Trabalho de 2003 e que persiste no actual Código do Trabalho, apenas teve como efeito manter a atipicidade destes acordos, continua a suscitar-se a questão da sua admissibilidade perante o ordenamento jurídico vigente.

Neste quadro, cabe apreciar criticamente os argumentos expostos e tomar posição sobre o problema em debate, não na perspectiva da questão constitucional que, ao tempo, se suscitou, mas na perspectiva

---

III – Pareceres (ed. do Ministério da Segurança Social e do Trabalho), Lisboa, 2004, 271-329 (315 s.), e J. BACELAR GOUVEIA, *O Anteprojecto de Código do Trabalho e a Constituição Portuguesa, in Código do Trabalho, III – Pareceres* (ed. do Ministério da Segurança Social e do Trabalho), Lisboa, 2004, 97-225 (185).

[127] MENEZES CORDEIRO, *Inovações...cit.*, 74.

[128] Neste sentido, ainda PAULO OTERO, *O Anteprojecto...cit.*, 315.

[129] MENEZES CORDEIRO, *Inovações...cit.*, 75, e PAULO OTERO, *O Anteprojecto...cit.*, 315.

[130] BACELAR GOUVEIA, *O Anteprojecto...cit.*, 186.

da avaliação da admissibilidade dos acordos colectivos atípicos perante o regime de contratação colectiva actualmente em vigor.

III. A nosso ver, *o sistema juslaboral vigente – quer do ponto de vista constitucional, quer em face do regime disposto nesta matéria pelo actual Código do Trabalho (que não se afastou, nesta matéria do Código do Trabalho de 2003) – não se compadece com o exercício do direito de contratação colectiva em sentido próprio (i.e., o direito a negociar e a outorgar um instrumento de regulamentação colectiva do trabalho convencional, em representação dos trabalhadores[132]) por entidades diferentes das associações sindicais.*

O nosso entendimento baseia-se num argumento constitucional, num argumento legal e num argumento histórico. Vejamos cada um destes argumentos.

a) De um ponto de vista constitucional, *a conjugação do art. 56.º n.º 3 (que atribui o direito de contratação colectiva às associações sindicais) com o art. 54.º n.º 5 da CRP (que enuncia os direitos das comissões de trabalhadores, não incluindo entre eles este mesmo direito) permite concluir que a intenção do legislador constituinte foi, de facto, reservar o direito de contratação colectiva às associações sindicais.*

Contra este entendimento não nos demovem os argumentos expostos em sentido contrário. Assim:

i) Quanto ao argumento de que tanto as associações sindicais como as comissões de trabalhadores têm como objectivo a protecção dos interesses dos trabalhadores, e, em prossecução de tal objectivo, têm áreas de actuação sobrepostas, a verdade é que estas entidades têm também direitos

---

[131] Neste sentido, se pronunciaram J. João Abrantes, *O Anteprojecto de Código do Trabalho, in Código do Trabalho, III – Pareceres* (ed. do Ministério da Segurança Social e do Trabalho), Lisboa, 2004, 227-270 (260 s.), e João Reis, *A caducidade e a uniformização das convenções colectivas...cit.,* 187 e 208.

[132] Naturalmente, o direito de contratação colectiva no sentido exposto (i.e., o direito de negociar e outorgar instrumentos de regulamentação colectiva do trabalho convencionais) também é um direito que assiste às associações de empregadores e aos próprios empregadores, *per se*. Em texto, reportamos este direito às associações sindicais, porque o problema da negociação colectiva atípica se coloca em relação aos representantes dos trabalhadores na contratação colectiva e não em relação ao empregador.

exclusivos, em consonância com o modo como a Lei Fundamental, ao instituir duas entidades de representação colectiva dos trabalhadores, gizou as respectivas áreas de intervenção prioritárias – assim, por exemplo, o direito ao controlo de gestão é exclusivo das comissões de trabalhadores (art. 54.º n.º 5 b) da CRP, e arts. 423.º n.º 1 b) e 426.º ss. do CT), ao passo que o direito à decretação da greve só compete às associações sindicais (art. 531.º n.º 1 do CT). Deste modo, *sendo o direito de contratação colectiva apresentado na Lei Fundamental como um direito reservado às associações sindicais, na lógica constitucional tal reserva não pode deixar de ter implícita a intenção de não alargamento do referido direito às comissões de trabalhadores.* Evidentemente que podemos discordar desta opção da Constituição ou considerá-la inadequada em face dos desafios mais recentes do direito do trabalho e, designadamente, perante o declínio do associativismo sindical na actualidade. Ainda assim, tal opção vincula-nos na interpretação destas normas constitucionais.

ii) Quanto ao *argumento de que um eventual direito de contratação colectiva das comissões de trabalhadores seria uma manifestação do direito de participação destas entidades na elaboração da legislação do trabalho, garantido no art. 54.º n.º 5 d) da CRP (ou mesmo um minus em relação a este direito), entendemos que este argumento não colhe* por duas razões:

- em primeiro lugar, porque a lei e os instrumentos de regulamentação colectiva do trabalho são fontes laborais substancialmente diferentes (as normas legais constituem uma fonte comum, enquanto acto normativo de autoridade do Estado, e os instrumentos de regulamentação colectiva são fontes laborais específicas, cuja característica diferenciadora reside no facto de serem uma auto-regulamentação laboral)[133] – ora, a aplicação

---

[133] Como se sabe, é clássica a distinção, no sistema de fontes do direito do trabalho, entre fontes laborais comuns (a lei e o costume) e fontes laborais específicas (como tal se

de um argumento interpretativo *ad minus* a duas realidades estruturalmente diferentes não é adequada;

– em segundo lugar, porque a índole do direito de «participação» dos representantes dos trabalhadores no processo de elaboração das leis laborais (que, aliás, também é reconhecido às associações sindicais – art. 56.º n.º 2 a) da CRP) é diferente da «participação» em que se consubstancia a contratação colectiva: na primeira situação, está em causa apenas uma consulta dos trabalhadores, através dos seus representantes, no processo de elaboração das normas, ao passo que na segunda situação está em causa a própria elaboração da norma. Ora, na verdade, a diferença entre as duas situações manifesta também a complexidade das fontes laborais, que exigiu justamente o estabelecimento de regras de articulação entre essas fontes, que não consentem a sua «mistura»[134].

---

identificando os modos de produção e revelação de normas laborais típicos do direito do trabalho). Os instrumentos de regulamentação colectiva do trabalho constituem a mais importante categoria de fontes laborais específicas. Para mais desenvolvimentos sobre este ponto, que ultrapassa a nossa Lição, *vd,* por todos, ROSÁRIO PALMA RAMALHO, *Direito do Trabalho cit.*, I, 140 ss.

[134] Abstemo-nos de apreciar o outro argumento avançado pelos autores e que poderia suportar a admissibilidade da contratação colectiva pelas comissões de trabalhadores, que é, como acima vimos, o facto de o próprio art. 56.º n.º 3 da CRP remeter para a lei a garantia do direito à contratação colectiva – o que poderia ser interpretado no sentido de permitir que a própria lei determinasse que outras entidades que não as associações sindicais pudessem exercer aquele direito. Não acompanhamos este entendimento, por nos parecer que apenas com algum esforço se pode aceitar uma remissão de conteúdo tão amplo, parecendo-nos, pelo contrário, que tal remissão tem sobretudo um alcance procedimental para além de querer assegurar que o direito consagrado pela Lei Fundamental não é restringido pela lei ordinária. Em todo o caso, este argumento foi esgrimido no contexto estrito da apreciação da conformidade das normas do Anteprojecto de Código do Trabalho sobre a matéria com esta disposição constitucional, pelo que não releva no quadro do problema que agora nos ocupa – e que é, recorde-se, o da admissibilidade de uma contratação colectiva não sindical perante a Constituição e a Lei.

b) De outra parte, entende-se que *a atribuição do direito à contratação colectiva a entidades não sindicais é de recusar também por razões legais*, que têm que ver com a necessidade de interpretar as normas legais em conformidade com a Constituição e ainda com as regras gerais de capacidade das pessoas colectivas.

Neste contexto observa-se, por um lado, que o Código do Trabalho apenas atribui o direito de contratação colectiva às associações sindicais (arts. 2.º n.º 3 e 443.º n.º 1 a) do CT) e não às comissões de trabalhadores. Ora, *as normas legais devem interpretar-se em conformidade com a Constituição*, pelo que tal referência no Código deve ter o mesmo sentido que a referência idêntica do art. 56.º n.º 3 da CRP.

Por outro lado, o Código reconhece personalidade jurídica às comissões de trabalhadores (art. 416.º n.º 1), mas limita a sua capacidade jurídica à prática dos actos necessários ou convenientes à prossecução das suas atribuições (art. 416.º n.º 2), em consonância com o *princípio geral da especialidade que norteia a capacidade das pessoas colectivas* (art. 160.º do CC). Ora, das atribuições legais das comissões de trabalhadores (feita no art. 423.º n.º 1 do CT)[135] não consta qualquer referência ao direito de contratação colectiva.

Assim, também do ponto de vista legal, a possibilidade de as comissões de trabalhadores celebrarem convenções colectivas de trabalho não parece ter cabimento.

c) Por fim, entende-se que o exercício do direito à contratação colectiva pelas comissões de trabalhadores é também de recusar por um *argumento histórico, que tem, obviamente, a ver com a tentativa falhada de introdução da figura dos acordos gerais de empresa no Código de Trabalho de 2003.*

Tendo a questão sido debatida aos mais diversos níveis durante o processo de elaboração do Código do Trabalho de 2003, a

---

[135] Como é sabido, no âmbito do CT de 2003, a matéria dos direitos das comissões de trabalhadores era objecto de tratamento não em sede do próprio Código mas na Regulamentação do mesmo (L. n.º 35/2004, de 29 de Julho) – regiam pois sobre esta matéria, os arts. 354.º ss. da RCT. Com o Código do Trabalho de 2009, esta matéria voltou a ser integrada no próprio Código.

não inclusão das propostas normativas relativas a esta matéria no Código torna patente a intenção da lei no sentido de não reconhecer às comissões de trabalhadores o direito à contratação colectiva. Compete, naturalmente, retirar as devidas ilações desta intenção do legislador, na interpretação das normas que ele próprio instituiu. É o que se propõe.

7.3. *Posição adoptada: I. A inadmissibilidade de qualificação dos acordos colectivos atípicos como nova categoria de instrumentos de regulamentação colectiva do trabalho; II. Os acordos colectivos atípicos como negócio jurídico e manifestação diferenciada da autonomia colectiva?*

I. Os argumentos expostos apenas viabilizam, quanto a nós, uma conclusão: *no nosso sistema juslaboral, o direito de contratação colectiva (i.e., repetimos, o direito de negociar e outorgar instrumentos de regulamentação colectiva do trabalho convencionais em representação dos trabalhadores e dos empregadores) continua, no que aos trabalhadores diz respeito, a ser atribuído apenas às associações sindicais.*

Compete retirar as devidas ilações desta conclusão para o problema da admissibilidade da negociação colectiva atípica e dos acordos colectivos atípicos, que agora nos ocupa. Estas ilações podem ser uma de duas: ou considerar, sem mais, que os acordos colectivos atípicos não são permitidos pela lei; ou considerar que tais acordos não podem ser qualificados como instrumentos de regulamentação colectiva do trabalho, deixando, contudo, aberta a porta à sua admissibilidade por outra via.

O juízo de inadmissibilidade liminar da negociação colectiva atípica e dos acordos colectivos atípicos parece-nos excessivo. É que, nos termos expostos, o sistema nacional de contratação colectiva apenas impede o reconhecimento dos acordos colectivos atípicos como uma nova categoria de instrumento de regulamentação colectiva, correspondente, nos termos da lei, a contratação colectiva em sentido próprio. Contudo, chegados a este ponto, o que cabe perguntar é se, ainda que não correspondam a convenções colectivas de trabalho, os acordos colectivos atípicos têm algum valor jurídico, podendo, por isso, ser admitidos pela ordem juslaboral a outro título, *verbi gratia* como manifestação diferenciada da autonomia colectiva. É o que se vai ver de seguida.

II. *A nosso ver, os acordos colectivos atípicos podem, de facto, ser admitidos no universo laboral se forem perspectivados em moldes estritamente negociais; e, se puderem ser admitidos na qualidade de negócios jurídicos, correspondem, na verdade, a uma nova forma de autonomia colectiva.*

Em favor deste entendimento pode apontar-se um argumento geral, retirado da estrutura destes acordos, e um argumento laboral, retirado do conteúdo amplo do princípio laboral geral da autonomia colectiva. Vejamos:

i) Por um lado, como concluímos a partir do *case study* da Lição, os acordos colectivos atípicos correspondem a um acto de vontade de entes jurídicos privados (no caso, os empregadores, actuando por si próprios, e os trabalhadores, actuando através das comissões de trabalhadores), que, por esta via, compõem livremente entre si interesses laborais contrapostos - por outras palavras, trata-se de uma auto-regulação de interesses privados. Ora, assim sendo, *tais acordos correspondem a um negócio jurídico em sentido próprio* (no qual se observa a existência de liberdade de celebração e de liberdade de estipulação[136]); e, enquanto negócios jurídicos, estes acordos correspondem à categoria do contrato, uma vez que se caracterizam pela pluralidade de partes e de interesses em presença.

Nesta perspectiva negocial, os acordos colectivos atípicos serão, pois, de admitir desde que observem os pressupostos gerais dos negócios jurídicos. São, no caso, especialmente relevantes os problemas da personalidade e da capacidade das partes outorgantes, do conteúdo do acordo e dos efeitos que ele produz na esfera dos destinatários (no caso, os trabalhadores). São estes problemas que cabe apreciar.

---

[136] Quanto a estas componentes essenciais da categoria do negócio jurídico, *vd*, por todos A. MENEZES CORDEIRO, *Tratado de Direito Civil, Parte Geral, tomo I (Introdução. Doutrina Geral. Negócio Jurídico)*, 3.ª ed., Coimbra, 2005, 392 e 447 ss.

Problemas Dogmáticos da Negociação Colectiva Atípica 85

ii) Por outro lado, *sempre obstaria à inadmissibilidade liminar destes acordos o carácter amplo do princípio da autonomia colectiva.* Este princípio, que constitui a manifestação laboral do princípio geral da autonomia privada (embora com relevantes especificidades[137]), corresponde ao poder de auto-determinação colectiva das situações juslaborais pelos trabalhadores e pelos empregadores em termos amplos, pelo que não se esgota no direito de contratação colectiva e é compatível com formas diferentes de promoção dos interesses dos trabalhadores e de autodeterminação das suas condições de trabalho. Tendo em conta este sentido amplo do princípio da autonomia colectiva, poderá, por exemplo, admitir-se que os trabalhadores determinem colectivamente as suas condições de trabalho, por ajuste directo com o empregador, ou mandatando outras entidades para outorgarem tal acordo, à margem das associações sindicais e desde que não ponham em risco a respectiva função[138]. Assim, também com fundamento directo no princípio da autonomia colectiva, terá que ser equacionada a admissibilidade destes acordos.

Perante o exposto, pensamos que o foco do problema se desloca: *mais do que discutir a emergência de uma nova modalidade de instrumentos de regulamentação colectiva do trabalho (que, repita-se, a nossa lei não consente), trata-se de admitir a negociação colectiva atípica e os acordos colectivos atípicos como manifestação diferenciada da autonomia colectiva, desenvolvida à margem das associações sindicais*[139].

---

[137] ROSÁRIO PALMA RAMALHO, *Da Autonomia Dogmática...cit.*, 847 ss. e *passim*.

[138] Também neste sentido, embora no quadro da apreciação da constitucionalidade da norma do Anteprojecto do Código do Trabalho de 2003 sobre os acordos gerais de empresa, MENEZES CORDEIRO, *Inovações...cit.*, 74.

[139] No mesmo sentido, em apreciação do problema no sistema francês, observa VACHET, *Les accords atypiques cit.*, 621, que o problema não reside em qualificar estes acordos como uma nova categoria de convenção colectiva de trabalho – o que o autor também recusa, por força do princípio da monopólio sindical da contratação colectiva em França – mas sim em saber se apenas as convenções colectivas de trabalho podem conter normas gerais sobre os vínculos laborais; a este problema, o autor responde negativamente, invocando, aliás, a multiplicidade e a variedade das fontes laborais e o relevo normativo dos usos das empresas e do regulamento interno.

Para concluir sobre a admissibilidade desta nova forma de autonomia colectiva, cabe então analisar os problemas colocados pelos acordos colectivos atípicos, enquanto negócios jurídicos, com destaque para as questões da capacidade negocial das partes, do conteúdo do negócio e da produção dos seus efeitos na esfera dos trabalhadores. O juízo final sobre a admissibilidade e o valor deste negócio, bem como sobre a sua qualificação e posicionamento no universo laboral, terá necessariamente que decorrer das conclusões viabilizadas pela análise destes problemas. É a esta análise que procederemos de imediato.

8. O problema dos parceiros negociais do acordo colectivo atípico

8.1. *A representação dos trabalhadores na negociação colectiva atípica pela comissão de trabalhadores: problemas colocados*

Nesta perspectiva negocial, o primeiro problema colocado pelos acordos colectivos atípicos tem a ver com o facto de tais acordos serem outorgados pela comissão de trabalhadores, em representação dos trabalhadores.

Este problema desdobra-se em duas questões diferentes:

i) A *questão da personalidade jurídica da comissão de trabalhadores*, que é uma questão clássica no nosso ordenamento jurídico à qual apenas o Código do Trabalho de 2003 veio dar resposta.

ii) A *questão da capacidade para a celebração deste tipo de acordos pela comissão de trabalhadores*, que se tem que articular com o problema do respectivo conteúdo.

Vejamos então cada um destes problemas.

8.2. O problema da personalidade jurídica da comissão de trabalhadores: I. A situação no âmbito da Lei das Comissões de Trabalhadores; II. A situação no âmbito do Código do Trabalho

I. O problema da personalidade jurídica das comissões de trabalhadores colocou-se tradicionalmente no ordenamento juslaboral nacional porque o regime jurídico originário destas comissões, instituído pela L. n.º 46/79, de 12 de Setembro (LComT), e que apenas foi substituído com a entrada em vigor da Regulamentação do Código do Trabalho de 2003 (aprovada pela L. n.º 35/2004, de 29 de Julho), não lhes reconhecia personalidade jurídica, mas apenas capacidade judiciária (art. 17.º da LComT).

Como é sabido, a maioria da doutrina considerava este quadro legal inadequado, não só porque o regime jurídico das comissões de trabalhadores distinguia de uma forma clara entre a comissão e os respectivos membros, mas, sobretudo, porque os direitos reconhecidos pela Constituição e pela Lei às comissões de trabalhadores (aliás, como os seus deveres) não eram susceptíveis de «apropriação» pelos membros dessas comissões, tendo necessariamente que ser imputados à própria comissão[140].

Assim, tendo em conta que as comissões de trabalhadores funcionavam como centros autónomos de imputação de normas jurídicas, alguns autores reconheceram a estas comissões uma personalidade jurídica rudimentar, considerando que deviam ser qualificadas como pessoas jurídicas colectivas embora apenas para efeitos laborais[141].

Centrando-nos no problema objecto das nossas reflexões, compreende-se que o quadro legal descrito tenha colocado uma dificuldade adicional à negociação colectiva atípica e aos acordos colectivos atípicos celebrados à sombra deste regime[142]: é que, não tendo personalidade jurídica, estas comissões não podiam, *per se*, representar os

---

[140] Neste sentido, expressamente, MENEZES CORDEIRO, *Manual de Direito do Trabalho cit.*, 123.

[141] Ainda MENEZES CORDEIRO, *Manual de Direito do Trabalho cit.*, 123.

[142] Na verdade, este foi o quadro jurídico de referência da maioria do acordos laborais da Autoeuropa, uma vez que, como vimos oportunamente, estas práticas negociais remontam aos anos noventa do séc. XX.

trabalhadores nesta negociação nem, muito menos, outorgar os acordos colectivos atípicos.

Este problema não era, obviamente, intransponível, uma vez que sempre se poderia conceber a atribuição de um mandato a cada um dos membros da comissão de trabalhadores para promover a negociação e outorgar o acordo em nome individual. Contudo, este enquadramento tornava mais exigente a prova da representação e dificultava a aplicação do acordo na esfera dos trabalhadores, para além de inviabilizar a sua aplicação aos trabalhadores que não tivessem mandatado expressamente a comissão para aquele efeito.

Assim, claramente, a falta de personalidade jurídica das comissões de trabalhadores constituiu um óbice considerável à validação dos acordos colectivos por elas celebrados.

II. Com o Código do Trabalho de 2003, o problema da personalidade jurídica das comissões de trabalhadores foi resolvido: nos termos do 462.º n.º 1 do CT de 2003, estas comissões passaram a ver a sua personalidade jurídica reconhecida mediante o registo dos seus estatutos nos serviços administrativos competentes.

Como se retira do que anteriormente foi dito, a atribuição de personalidade jurídica às comissões de trabalhadores no contexto do Código do Trabalho de 2003 estava ligada à figura do acordo geral de empresa, como nova modalidade de instrumento de regulamentação colectiva do trabalho convencional, proposta pelo Anteprojecto do Código: neste contexto, a personalidade jurídica destas comissões de trabalhadores era condição *sine qua non* para a outorga daqueles instrumentos.

Contudo, a verdade é que a personificação das comissões de trabalhadores resistiu ao malogro final da figura do acordo geral de empresa no Código do Trabalho de 2003 e foi confirmada pelo *Código do Trabalho de 2009, que continua a reconhecer personalidade jurídica a estas entidades de representação colectiva dos trabalhadores (art. 416.º n.º 1). Assim, as comissões de trabalhadores são hoje pessoas laborais colectivas em sentido estrito, a par das associações sindicais.*

Com esta evolução legislativa desapareceu, pois, um dos óbices naturais à celebração de negócios jurídicos (como os acordos colectivos atípicos) pela comissão de trabalhadores, pelo menos nas situações

Problemas Dogmáticos da Negociação Colectiva Atípica

em que seja promovido o registo dos estatutos da comissão junto dos serviços administrativos competentes, que constitui condição *sine qua non* da atribuição de personalidade jurídica.

8.3. *O problema da capacidade da comissão de trabalhadores para a outorga do acordo colectivo atípico: I. Colocação do problema; II. A possibilidade de intervenção das comissões de trabalhadores na contratação colectiva por delegação das associações sindicais; III. Posição adoptada*

I. Mais difícil de avaliar é o pressuposto geral da capacidade das comissões de trabalhadores, aplicada a estas práticas negociais.

Nos termos da Constituição e da lei, as comissões de trabalhadores são instituídas pelos trabalhadores «...para defesa dos seus interesses e intervenção democrática na vida da empresa» (art. 54.º n.º 1 da CRP) e são titulares de vários direitos, como o direito à informação, o direito ao controlo de gestão, o direito à participação nos processos de reestruturação da empresa, o direito à participação na elaboração da legislação do trabalho e dos planos do respectivo sector económico, o direito à gestão das obras sociais da empresa e o direito a eleger representantes nos órgãos sociais das empresas do Estado e de outras entidades públicas (art. 54.º n.º 5 da CRP e art. 423.º n.º 1 do CT)[143].

A capacidade das comissões de trabalhadores para promoverem a negociação colectiva atípica e para outorgarem os acordos colectivos atípicos pode suscitar dúvidas por duas razões:

i) Em primeiro lugar, porque este tipo de intervenção das comissões de trabalhadores não corresponde a nenhum dos direitos atribuídos a estas comissões pela Constituição e pela lei (art. 54.º n.º 5 da CRP e art. 423.º n.º 1 do CT). Cabe assim, apreciar a natureza do enunciado legal destes direitos.

---

[143] Em geral sobre estes direitos das comissões de trabalhadores, MENEZES CORDEIRO, *Manual de Direito do Trabalho cit.*, 123 e 502 ss., BERNARDO XAVIER, *Curso de Direito do Trabalho cit.*, I, 405 ss., MONTEIRO FERNANDES, *Direito do Trabalho cit.*, 718 ss., ROMANO MARTINEZ, *Direito do Trabalho cit.*, 1064 ss., MENEZES LEITÃO, *Direito do Trabalho cit.*, 546 ss., e ROSÁRIO PALMA RAMALHO, *Direito do Trabalho cit.*, I, 344 ss.

90   *Negociação Colectiva Atípica*

ii) Em segundo lugar, porque, sendo as comissões de trabalhadores pessoas jurídicas colectivas, desde que registem os seus estatutos nos serviços competentes, a sua capacidade jurídica rege-se por um princípio de especialidade (nos termos gerais do art. 160.º do CC), que, aliás, o Código do Trabalho reafirma expressamente no art. 416.º n.º 2. Assim, cabe avaliar se este tipo de práticas, que, como vimos na primeira parte da Lição, se destina a fixar, de um modo global e uniforme, o regime a aplicar a um determinado universo de trabalhadores, ainda corresponde a um direito ou obrigação «...necessário ou conveniente para a prossecução dos fins previstos na lei [para estas comissões]».

II. Antes de apreciarmos o problema colocado, cabe ainda verificar se ele não terá sido ultrapassado pela previsão de uma nova norma no Código do Trabalho de 2009 - o art. 491.º n.º 3. Pela sua importância para o problema que nos ocupa, vale a pena transcrever o texto desta norma:

Art. 491.º
Representantes das entidades celebrantes
(...)
«3 – Sem prejuízo da possibilidade de delegação noutras associações sindicais, a associação sindical pode conferir a estrutura de representação colectiva dos trabalhadores na empresa poderes para, relativamente aos seus associados, contratar com empresa com, pelo menos, 500 trabalhadores.»

Nos termos desta norma, passou a ser possível às associações sindicais mandatarem estruturas não sindicais de representação colectiva dos trabalhadores nas grandes empresas (sendo como tal consideradas as que tenham mais de 500 trabalhadores)[144] para celebrarem convenções colectivas. Estas convenções virão a aplicar-se aos trabalhadores membros da associação sindical em questão.

---

[144] Embora, no caso, a exigência de que a empresa tenha pelo menos 500 trabalhadores seja mais restritiva do que o conceito geral de grande empresa, que consta do art. 100.º do novo Código do Trabalho – é que nos termos desta norma, é considerada grande empresa a que emprega mais de 200 trabalhadores.

Problemas Dogmáticos da Negociação Colectiva Atípica 91

A norma em questão é inovadora mas o seu conteúdo está longe de ser claro e pode suscitar algumas dificuldades de interpretação[145]. Tais dificuldades são as seguintes:

i) A primeira dificuldade reside em saber qual é a «*estrutura de representação colectiva dos trabalhadores na empresa*» a que a norma se refere. Sendo expressamente ressalvada a possibilidade de delegação dos poderes de contratação colectiva da associação sindical noutras associações sindicais pela mesma norma, parece-nos que a estrutura de representação colectiva dos trabalhadores ao nível da empresa aqui equacionada pela lei terá que ser uma estrutura não sindical. E, nesse caso, senão obrigatoriamente pelo menos com probabilidade[146], tal estrutura será a comissão de trabalhadores ou então, nas empresas em que existam, os conselhos de empresa europeus ou os conselhos de trabalhadores[147].

---

[145] A norma também pode suscitar um problema de constitucionalidade, se for interpretada como subvertendo a reserva constitucional da contratação colectiva às associações sindicais que decorre do art. 56.º n.º 3 da CRP. Contudo, pensamos que a questão não se coloca, porque se trata da organização prática do direito de contratação colectiva pela lei (que é prevista pela própria Constituição) e porque os poderes de contratação neste domínio são conferidos pela própria associação sindical, que é, nos termos constitucionais, a entidade titular daquele direito.

[146] Não consideramos que a norma se esteja obrigatoriamente a referir às comissões de trabalhadores neste contexto, porque não é de afastar a possibilidade de os trabalhadores constituírem uma comissão *ad hoc* para os representar na empresa, que possa vir a beneficiar desta delegação do poder de contratação colectiva. Pretendendo-se limitar esta delegação às comissões de trabalhadores, melhor teria sido que o legislador o tivesse dito expressamente.

[147] Como é sabido, estas duas estruturas de representação dos trabalhadores são estruturas típicas das empresas de dimensão comunitária (quanto aos conselhos de empresa europeus) e das empresas que correspondam ao modelo da sociedade anónima europeia ou da sociedade cooperativa europeia (quanto aos conselhos de trabalhadores). Elas são previstas nos diplomas que procederam à transposição das directivas comunitárias respectivas – quanto aos conselhos de empresa europeus, eles regem-se ainda pelo CT 2003 e pela RCT (respectivamente, arts. 471 ss. do CT de 2003, e arts. 365.º e ss. da RCT), que foram mantidos em vigor pelo Diploma Preambular ao CT de 2009 (art. 12.º n.º 3 c) e n.º 6 p) da L. n.º 7/2009, de 12 de Fevereiro; no que toca à sociedade anónima europeia, rege o DL n.º 215/2005, de 13 de Dezembro (que transpôs a Dir. 2001/86/CE, de 8 de Outubro, relativa ao envolvimento dos trabalhadores na sociedade anónima europeia), em especial nos seus arts. 20.º ss.; e no respeita à sociedade cooperativa europeia, rege a L. n.º 8/2008, de 18 de Fevereiro

92   *Negociação Colectiva Atípica*

ii) A segunda dificuldade suscitada pela norma tem a ver com a *qualificação da actuação das comissões de trabalhadores ao abrigo deste mandato das associações sindicais*. Apesar de a lei utilizar neste contexto a expressão anódina «*contratar*», parece-nos que não pode estar aqui em causa outra coisa que não a celebração de uma convenção colectiva de trabalho, sobretudo tendo em conta que a norma se insere na secção do Código do Trabalho relativa à negociação e outorga de convenções colectivas de trabalho. Caberia, aliás, qualificar tal convenção colectiva de trabalho, designadamente para efeitos da aplicação das regras de concorrência entre instrumentos de regulamentação colectiva do trabalho[148].

iii) A terceira dificuldade colocada por esta norma reside em saber *a que título as comissões de trabalhadores (ou outras estruturas não sindicais de representação dos trabalhadores na empresa) exercem estes poderes de contratação colectiva*. Apesar de a norma não ser clara, estando em causa uma contratação colectiva em sentido próprio (logo, constitucionalmente reservada às associações sindicais) só pode conceber-se aqui um caso de delegação de poderes sindicais nestas estruturas. Por outras palavras, as comissões de trabalhadores representam as associações sindicais na negociação e na outorga da convenção colectiva.

iv) Por fim, coloca-se o *problema do âmbito de incidência desta actuação das comissões de trabalhadores*, que a lei reporta expressamente aos associados da associação sindical que mandate a comissão de trabalhadores (ou outra estrutura não sindical representativa dos trabalhadores) para a outorga do instrumento de regulamentação colectiva do trabalho. Este

---

(que transpôs a Dir. 2003/72/CE, de 22 de Julho, relativa ao envolvimento dos trabalhadores na sociedade cooperativa europeia), em especial nos seus arts. 20.º ss. Para mais desenvolvimentos sobre este tipo de envolvimento dos trabalhadores nestas empresas, ROSÁRIO PALMA RAMALHO, *Grupos Empresariais e Societários. Incidências Laborais,* Coimbra, 2008, 671 ss.

[148] Naturalmente, deverá estar aqui em causa um acordo de empresa, i.e., a modalidade de convenção colectiva de trabalho de âmbito empresarial, uma vez que a lei parece reportar-se à unidade empresarial (na verdade, às empresas com mais de 500 trabalhadores). Contudo, a norma não é explícita neste sentido.

âmbito limitado de incidência do instrumento de regulamentação colectiva do trabalho reforça a ideia de que a comissão de trabalhadores actua no exercício de poderes delegados pela associação sindical: na verdade, é porque o titular dos poderes de negociação e de contratação colectiva é a associação sindical que tal delegação de poderes noutra entidade se repercute apenas nos contratos de trabalho dos trabalhadores filiados naquele sindicato.

Perante o exposto, poderia pensar-se que o problema da negociação colectiva atípica se encontra ultrapassado no nosso sistema jurídico, uma vez que a lei encontrou um caminho para legitimar a intervenção das comissões de trabalhadores nesta área, que é, além disso, mediado e controlado pelas associações sindicais, ou seja, pelas entidades a quem o direito de contratação colectiva é conferido pela Lei Fundamental[149]. Por esta via, deixaríamos de estar perante acordos colectivos atípicos para passarmos a estar perante convenções colectivas em sentido estrito.

Esta conclusão afigura-se-nos, contudo, apressada e incapaz de resolver o nosso problema. Na verdade, o que a lei faz é apenas instituir uma nova categoria de representantes das associações sindicais (que podem ser as comissões de trabalhadores) para a contratação colectiva em sentido próprio, nas empresas com mais de 500 trabalhadores – ou seja, *a lei resolve uma questão de legitimidade negocial.*

Ora, *o problema da negociação colectiva atípica e dos acordos colectivos atípicos celebrados pelas comissões de trabalhadores não se deixa reconduzir a uma questão de legitimidade negocial.* Na verdade, o que está em causa na nossa matéria não é a possibilidade de as comissões outorgarem convenções colectivas de trabalho *em representação* das associações sindicais, que detêm o direito de contratação colectiva, mas sim a possibilidade de celebrarem acordos

---

[149] Trata-se de uma solução com afinidades com a solução do direito francês, que consta actualmente dos arts. L. 2232-16 ss. do *Code du travail*. Também neste Código, é patente a preocupação em assegurar o controlo sindical da delegação da competência para proceder à negociação colectiva nas comissões de trabalhadores ou noutras entidades não sindicais, como observámos oportunamente.

colectivos *à margem* das associações sindicais e da contratação colectiva em sentido próprio e independentemente de qualquer delegação de poderes ou de qualquer controlo daquelas associações sobre esta actuação.

Por outro lado, sempre diremos que, mesmo que a comissão de trabalhadores celebre uma convenção colectiva ao abrigo desta norma do Código do Trabalho – ou seja, em exercício delegado do direito de contratação colectiva das associações sindicais – tal convenção apenas pode valer como tal para os trabalhadores membros da associação sindical delegante (o que, aliás, decorre expressamente da norma). Assim, para os trabalhadores da empresa que não sejam membros da associação sindical delegante, o referido instrumento continua a valer como acordo colectivo atípico, pelo que o problema da negociação colectiva atípica se mantém.

Em suma, a lei não resolveu o problema da negociação colectiva atípica e dos acordos colectivos atípicos. Este problema só pode assim ser resolvido a partir da avaliação da capacidade jurídica própria das comissões de trabalhadores, nos termos que vamos expor de seguida.

III. Recolocado o problema nos seus devidos termos, cabe tomar posição.

A nosso ver, *a promoção da negociação colectiva atípica e mesmo a outorga de um acordo colectivo atípico, destinado a estabelecer um regime laboral uniforme para um conjunto de trabalhadores, ainda está no âmbito da capacidade jurídica das comissões de trabalhadores.*

Esta posição fundamenta-se em razões constitucionais e legais.

Do ponto de vista constitucional, o nosso entendimento sustenta-se em argumentos literais, sistemáticos e teleológicos de interpretação das normas constitucionais relevantes na matéria. Assim:

i) Em primeiro lugar, *não se retira do texto da norma constitucional sobre os direitos das comissões de trabalhadores (art. 54.º n.º 5 da CRP), que o enunciado desses direitos seja taxativo*, o que tem sido, aliás, salientado pela doutrina constitucional, na interpretação do preceito[150]. Assim, as comissões

---

[150] Neste sentido, por exemplo, GOMES CANOTILHO / VITAL MOREIRA, *Constituição Portuguesa Anotada cit.*, 297 s.

de trabalhadores podem intervir noutras áreas e ser titulares de outros direitos em defesa dos interesses dos trabalhadores.

ii) Em segundo lugar, a leitura conjugada das normas dos arts. 54.º n.º 5 e 54.º n.º 1 da CRP, permite, em interpretação sistemática, balizar o âmbito de intervenção das comissões de trabalhadores por um critério finalista (no sentido em que, nos termos do n.º 1 deste artigo, estas comissões visam defender os interesses dos trabalhadores na empresa) e por um critério instrumental (no sentido em que, para prossecução dos interesses dos trabalhadores, as comissões de trabalhadores têm, entre outros, os direitos enunciados no n.º 5 do referido artigo). Ora, da conjugação destas duas normas parece retirar-se que *a capacidade das comissões de trabalhadores abrange todos os direitos necessários à prossecução do seu escopo essencial de defesa dos interesses dos trabalhadores, mesmo que tais interesses não correspondam a um dos direitos enunciados no art. 54.º n.º 5 da CRP.*

iii) Por fim, a posição defendida é sustentada por um *argumento teleológico, que decorre do facto de estas normas constitucionais terem a categoria de direitos, liberdades e garantias* (no caso, trata-se de direitos, liberdades e garantias dos trabalhadores). Assim, nos termos do art. 18.º da CRP, não só o conteúdo da norma deve ser interpretado com a maior latitude possível, como não se vislumbra aqui qualquer motivo plausível para uma restrição do âmbito de intervenção das comissões em relação a uma actuação que é feita na defesa dos interesses dos trabalhadores.

Mas, também do ponto de vista legal, entendemos que se justifica a extensão da capacidade das comissões de trabalhadores à prática da negociação colectiva atípica e à celebração de acordos colectivos atípicos.

Neste nível de análise, a nossa posição estriba-se em dois argumentos:

i) Por um lado, deve ter-se em conta que *o enunciado legal dos direitos das comissões de trabalhadores, constante do art. 423.º n.º 1 do CT, é feito expressamente em moldes exemplificativos.* Assim, em aproveitamento desta permissão normativa e na qualidade de entes jurídicos privados, as comissões de trabalhadores podem actuar noutros domínios para além dos explicitados na lei[151].

ii) Por outro lado, *parece evidente que, quer a promoção da negociação colectiva atípica, quer a outorga de acordos colectivos atípicos correspondem a actos convenientes ao escopo essencial das comissões de trabalhadores, que é a defesa dos interesses dos trabalhadores na empresa.* Assim, também o princípio da especialidade das pessoas colectivas, na sua aplicação às comissões de trabalhadores (feita pelo art. 416.º n.º 2 do CT) é compatível com esta actuação das comissões de trabalhadores.

Acresce, quanto a este segundo argumento, que o princípio da especialidade das pessoas colectivas, formulado em moldes genéricos pelo art. 160.º do CC, tende hoje a ser interpretado com grande latitude[152]. Ora, se tal latitude se justifica para a generalidade das pessoas colectivas, mais se justifica em relação a uma entidade colectiva que corporiza o exercício de direitos fundamentais.

Contra o entendimento que acabamos de sustentar poderia, ainda assim, ser oposta uma objecção de coerência, que se deixa formular numa pergunta: porque é que se admite a capacidade das comissões de trabalhadores para celebrarem acordos colectivos atípicos quando se lhes recusou a capacidade para outorgarem instrumentos de regulamentação colectiva do trabalho em sentido próprio, com base no argumento, oportunamente expendido, de que o direito de

---

[151] Cremos, aliás, que é a natureza exemplificativa da enumeração dos direitos das comissões de trabalhadores nesta norma que permite que as comissões de trabalhadores exerçam os poderes de negociação e de contratação colectiva em sentido estrito, como representantes das associações sindicais, ao abrigo da previsão normativa do art. 491.º n.º 3 do novo Código do Trabalho. Este ponto não é, contudo, o que nos ocupa, porque não configura um caso de negociação colectiva atípica nem de acordo colectivo atípico, como acima demonstrámos.

[152] Por todos, quanto a este ponto, que não cabe aqui desenvolver, J. OLIVEIRA ASCENSÃO, *Teoria Geral do Direito Civil*, I *(Introdução. As Pessoas. Os Bens)*, Coimbra, 1997, 233 s., A. MENEZES CORDEIRO, *Tratado de Direito Civil, Parte Geral, tomo III (Pessoas)*, 2.ª ed., Coimbra, 2007, 646 ss., e P. PAIS DE VASCONCELOS, *Teoria Geral do Direito Civil*, 5.ª ed., Coimbra, 2008, 156 ss.

contratação colectiva era constitucionalmente reservado às associações sindicais?

A objecção não procede, porque as duas situações são, de facto, diferentes. É que, no que se refere à contratação colectiva em sentido próprio (i.e., à capacidade para outorgar uma das modalidades de instrumento de regulamentação colectiva do trabalho previstas na lei, em representação dos trabalhadores), é a própria Constituição (e, em consequência, também a lei) que aponta para uma competência reservada às associações sindicais, nos termos já explicitados.

Simplesmente, no caso da negociação colectiva atípica e dos acordos colectivos atípicos, não estamos perante instrumentos de regulamentação colectiva do trabalho em sentido próprio nem perante o exercício do direito de contratação colectiva em sentido estrito, mas perante uma manifestação do princípio mais vasto da autonomia colectiva, que, como poder de autodeterminação colectiva de interesses laborais pelos trabalhadores e pelos empregadores, não se esgota na contratação colectiva.

Deste modo, *a reserva sindical do direito de contratação colectiva é, a nosso ver, compatível com a capacidade das comissões de trabalhadores para, ainda em prossecução do princípio da autonomia colectiva e no âmbito da sua própria capacidade jurídica, promoverem a negociação colectiva atípica e outorgarem acordos colectivos atípicos.*

É o que se entende.

9. O problema dos efeitos do acordo colectivo atípico na situação juslaboral dos trabalhadores da empresa

9.1. *Enunciado do problema: a inadequação das teorias explicativas da eficácia normativa dos instrumentos de regulamentação colectiva do trabalho em sentido próprio ao acordo colectivo atípico*

Nos moldes em que acabamos de admitir o acordo colectivo atípico no nosso sistema jurídico, cabe resolver então o problema da sua eficácia nos contratos de trabalho vigentes na empresa a que se destina. Na verdade, pode dizer-se que este é o problema essencial colocado por esta figura, já que o seu objectivo essencial é, justamente, estabelecer o regime jurídico aplicável aos trabalhadores do universo empresarial a que se destina.

A dificuldade de explicar a produção de efeitos do acordo colectivo atípico na esfera jurídica dos trabalhadores da empresa decorre, naturalmente, do facto de este acordo não ter formalmente a categoria de fonte laboral, uma vez que, como se estabeleceu oportunamente, não corresponde a um instrumento de regulamentação colectiva do trabalho em sentido próprio.

Assim, não valem em relação ao acordo colectivo atípico os fundamentos da aplicação normativa dos instrumentos de regulamentação colectiva do trabalho – i.e., o princípio da filiação sindical, que justifica a aplicação da convenção colectiva aos trabalhadores membros da associação sindical outorgante com base num acto de vontade do próprio trabalhador, que se filiou livremente na associação sindical outorgante da convenção colectiva de trabalho (art. 496.º n.º 1 do CT), e que, remotamente, pode entroncar nas figuras da representação voluntária ou do mandato[153]; e a figura da portaria de extensão, instrumento normativo específico do direito do trabalho que assegura a eficácia geral da convenção colectiva (art. 514.º n.º 1 do CT), justificando a sua aplicação aos trabalhadores não filiados na associação sindical outorgante.

---

[153] Sai fora do âmbito das nossas reflexões o debate sobre o fundamento último da regra da filiação, e designadamente, sobre o entendimento desta regra como uma manifestação laboral das figuras da representação, na modalidade de representação voluntária (arts. 258.º ss. do CC), ou do contrato de mandato (arts. 1158.º ss. do CC). De facto, embora as associações sindicais «representem» os trabalhadores, na medida em que o seu objectivo é a defesa dos respectivos interesses, é difícil reconduzir a sua actuação a um caso de representação em sentido estrito, uma vez que, na outorga do instrumento de regulamentação colectiva do trabalho (aliás, como no exercício da maioria dos seus direitos), a associação sindical age em nome próprio; e, por outro lado, sendo a actuação destas associações em defesa dos trabalhadores determinada pela lei, também a justificação dos seus poderes de representação na figura do mandato é artificial. Não podendo aprofundar tal debate nesta sede, o que importa salientar é que a aplicação da convenção colectiva ao trabalhador membro da associação sindical outorgante é sempre legitimada por um acto de vontade do próprio trabalhador, já que ele optou livremente por se filiar naquela associação sindical.

Neste quadro, e tendo em conta, por um lado, a índole negocial dos acordos colectivos atípicos e, por outro lado, o facto de serem celebrados pela comissão de trabalhadores, resta verificar se a aplicação destes acordos aos trabalhadores se pode justificar com base no nexo de representação que liga as comissões de trabalhadores aos próprios trabalhadores, que é, reconhecidamente, diferente do nexo de representação sindical.

9.2. *Posição adoptada: I. O nexo de representação entre os trabalhadores e a comissão de trabalhadores (caracterização geral); II. A insuficiência do nexo geral de representação da comissão de trabalhadores para fundamentar a aplicação do acordo colectivo atípico aos trabalhadores da empresa; III. Conclusões: a exigência de um mandato específico para a outorga do acordo colectivo atípico ou da sua ratificação pelos trabalhadores para a produção de efeitos na esfera de cada trabalhador*

I. Como é sabido, no sistema juslaboral nacional, a comissão de trabalhadores é uma entidade de representação unitária dos trabalhadores no quadro da empresa, no sentido em que há apenas *uma* comissão de trabalhadores em cada empresa[154]. Por outro lado, embora a instituição da comissão dependa da vontade dos trabalhadores – já que a lei não a impõe[155] – uma vez instituída, ela representa o *conjunto dos trabalhadores* dessa empresa (art. 415.º n.º 1 do CT).

---

[154] Como é sabido, a lei prevê a existência de subcomissões de trabalhadores nas empresas com estabelecimentos geograficamente dispersos, bem como a existência de comissões de trabalhadores coordenadoras nas empresas inseridas em grupos (art. 461.º n.º 2 e n.º 3 do CT) – sobre esta última realidade, pode ver-se, para mais desenvolvimentos, ROSÁRIO PALMA RAMALHO, *Grupos Empresariais e Societários...cit.*, 670 ss. e *passim*. Este desdobramento estrutural da comissão de trabalhadores, que tem a ver com modelos específicos de organização das empresas, não põe, contudo, em causa o carácter unitário da comissão de trabalhadores.

[155] Como é sabido, esta não é esta a regra noutros países, que impõem legalmente a instituição de uma comissão de trabalhadores nas empresas com uma certa dimensão – é o que sucede no direito alemão, desde que a empresa tenha, pelo menos, 5 trabalhadores (§ 1.º Abs 1 da BetrVG) e no direito francês, desde que a empresa tenha 50 ou mais trabalhadores (art. L. 2322-1 do *Code du travail*).

Tradicionalmente, considerava-se que o nexo de representação entre a comissão de trabalhadores e os trabalhadores da empresa correspondia a um caso de representação orgânica, concebendo-se a comissão de trabalhadores como um «órgão» actuando no âmbito de um ente «colectivo» (a empresa)[156], no exercício de funções de promoção e defesa dos interesses dos trabalhadores[157]. Todavia, este entendimento não só colide com o facto de a comissão de trabalhadores actuar em nome próprio e não em nome dos trabalhadores que «representa», como foi, entretanto, posto em crise pela circunstância de a comissão de trabalhadores poder ser, actualmente, ela própria uma pessoa colectiva em sentido próprio e não uma mera entidade orgânica.

Neste quadro, mesmo que se continue a conceber a actuação da comissão de trabalhadores como um caso de representação em sentido amplo, será necessariamente um caso de representação legal, porque os poderes das comissões de trabalhadores «...para defesa dos seus [dos trabalhadores] interesses...» (art. 415.º n.º 1 do CT) são conferidos pela lei[158].

II. Clarificada a natureza do nexo de «representação» entre a comissão de trabalhadores e os trabalhadores da empresa, a questão que se coloca é a de saber se tal nexo é, por si só, apto a justificar a aplicação do acordo colectivo atípico na esfera dos trabalhadores da empresa.

Tendo ficado assente, nos pontos anteriores, que a outorga do acordo colectivo atípico pela comissão de trabalhadores ainda integra a sua capacidade jurídica, poderia concluir-se que tal acordo se repercute automaticamente na esfera dos trabalhadores da empresa,

---

[156] Também para este efeito, a análise tradicional desta problemática prescinde do facto de a empresa não ter personalidade jurídica.

[157] Ainda neste sentido, embora já no contexto do Código do Trabalho de 2003, BERNARDO XAVIER, *Curso de Direito do Trabalho cit.*, I, 401 s.

[158] De novo, ultrapassa o âmbito das nossas cogitações a discussão sobre a sustentação dogmática de um nexo de representação legal em termos gerais – sobre o ponto, com desenvolvimentos e sustentando a voluntariedade intrínseca ao instituto da representação, A. MENEZES CORDEIRO, *Tratado de Direito Civil Português, I (Parte Geral)*, tomo IV, Coimbra, 2005, 46 s. Atemo-nos em texto à construção tradicional do instituto da representação, aceitando a distinção entre representação legal e representação voluntária.

uma vez que eles são legalmente representados pela comissão de trabalhadores e o acordo é celebrado em defesa dos seus interesses.

Contudo, a nosso ver, esta conclusão seria apressada e é contrariada por dois argumentos essenciais: um argumento atinente à natureza negocial do acordo colectivo atípico, oportunamente estabelecida; e um argumento de maioria de razão, que se retira do regime de aplicação das convenções colectivas de trabalho em sentido próprio.

Assim, vejamos:

i) Por um lado, *depõe contra a suficiência do nexo de representação legal das comissões de trabalhadores para fundamentar a produção de efeitos do acordo colectivo atípico na esfera dos trabalhadores da empresa o facto de este acordo ser um instrumento negocial (e não uma fonte laboral em sentido formal), que incide sobre as condições de trabalho dos trabalhadores da empresa. Ora, não sendo os trabalhadores parte no acordo, a sua sujeição a esse acordo depende do seu consentimento.* E, naturalmente, tal consentimento não se pode presumir apenas pela circunstância de a comissão de trabalhadores ser a entidade que legalmente representa os interesses dos trabalhadores na empresa, porque no âmbito desta representação legal não está prevista a celebração deste tipo de acordos.

ii) Por outro lado, depõe contra a suficiência do nexo de representação legal das comissões de trabalhadores para justificar a eficácia do acordo colectivo atípico perante os trabalhadores um argumento de maioria de razão que se retira do regime das convenções colectivas de trabalho.

Como se sabe, apesar de as convenções colectivas serem formalmente reconduzidas à categoria de fontes laborais, a lei estabeleceu um mecanismo para garantir que o seu efeito normativo corresponde à vontade dos trabalhadores abrangidos: é o já referido princípio da filiação, segundo o qual a convenção colectiva só se aplica aos trabalhadores membros da associação sindical outorgante (ou seja, mediante um acto de inscrição sindical do trabalhador, que é praticado voluntariamente e no exercício da sua própria liberdade sindical), e pode deixar de se lhes aplicar com o acto (igualmente voluntário e livre) de desvinculação sindical dos trabalhadores (art. 496.º n.ºs 1, 3 e 4 do CT)[159].

Ora, *se assim é em relação a um instrumento ao qual a própria lei reconheceu eficácia normativa, por maioria de razão no caso de um instrumento negocial simples, como é o caso do acordo colectivo atípico, a sua aplicação no universo de cada trabalhador – que, repita-se, é terceiro em relação ao acordo – não pode prescindir do respectivo consentimento.* Aliás, não deixa de se observar, em argumento *ad absurdum*, que, *se fosse admitido o efeito automático do acordo colectivo atípico na esfera jurídica de cada trabalhador apenas com fundamento no nexo de representação legal que tem com a comissão de trabalhadores, tal acordo poderia vir a ser aplicado contra a sua vontade, uma vez que a lei não concebe a possibilidade de o trabalhador deixar de ser representado pela comissão de trabalhadores* – ao contrário do que sucede com as associações sindicais outorgantes das convenções colectivas, no âmbito das quais rege o já referido princípio da filiação.

Esta possibilidade deve, naturalmente, ser rejeitada porque contraria os fundamentos últimos do próprio princípio da autonomia colectiva.

No nosso entender, os argumentos expostos apenas viabilizam uma conclusão: *não podendo presumir-se na actuação da comissão de trabalhadores, que outorga do acordo colectivo atípico, a vontade dos trabalhadores em serem abrangidos por esse mesmo acordo,*

---

[159] É certo que, nesta vertente, a liberdade sindical do trabalhador não é total, uma vez que a lei reporta o princípio da filiação a um momento determinado para fixar o universo dos trabalhadores abrangidos pelo instrumento de regulamentação colectiva do trabalho com um mínimo de rigor – assim, desde que o trabalhador seja filiado na associação sindical outorgante da convenção colectiva aquando do início do processo negocial, a convenção colectiva ser-lhe-á aplicável, mesmo que se desvincule posteriormente do sindicato (art. 496.º n.ºs 3 e 4 do CT). Contudo, por ocasião da substituição daquela convenção colectiva de trabalho, a nova convenção colectiva já não será aplicável àquele trabalhador, justamente por falta do requisito da filiação – ou seja, por ter, entretanto, manifestado a sua vontade no sentido de não continuar a ser abrangido por aquele regime convencional.

o nexo de representação legal entre a comissão de trabalhadores e os trabalhadores da empresa não é, per se, *suficiente nem adequado para fundamentar a produção de efeitos de tal acordo na esfera jurídica dos trabalhadores da empresa a que se destina.*

III. Perante este quadro, cabe procurar uma outra solução para o nosso problema. Esta solução pode ser uma de duas: ou fundar a produção de efeitos do acordo colectivo atípico na esfera dos trabalhadores à margem da essência negocial desse mesmo acordo; ou condicionar a produção daqueles efeitos a um acto negocial complementar, protagonizado pelos trabalhadores destinatários do mesmo.

Vejamos estas duas possibilidades:

i) A primeira solução passa por *não admitir a repercussão do acordo colectivo atípico na esfera de cada trabalhador com base no próprio acordo mas a outro título.* Esta solução já foi sufragada pela jurisprudência e pela doutrina francesas e assenta no seguinte raciocínio: uma vez que as comissões de trabalhadores não têm competência para celebrar acordos que disponham globalmente sobre as condições de trabalho, esses acordos não valem enquanto tais; contudo, na medida em que outorga tais acordos, o empregador vincula-se unilateralmente ao respectivo conteúdo, o que significa que se obriga a respeitá-los no seio da sua empresa e perante os respectivos trabalhadores[160].

Quanto a nós, este entendimento é insatisfatório, não apenas porque assenta numa alteração artificial da natureza do instrumento negocial em causa[161], mas também porque se baseia

---

[160] Entre outros, neste sentido, podem ver-se o *Arrêt de la Cour de Cassation (Chambre sociale) du 14 juin 1984,* anotado por J. SAVATIER, *Accords d'entreprise atypiques cit.,* 192 s., ou o *Arrêt de la Cour de Cassation (Chambre sociale) du 7 janvier 1988,* anotado por C. FREYRIA, *Les accords d'entreprise atypiques – jurisprudence commentée,* DS, 1988, 6, 464-467. Sobre esta solução, aliás em perspectiva crítica da jurisprudência nesta matéria, RAYMONDE VATINET, *La négociation au sein du comité d'entreprise cit.,* 675, e ainda J. SAVATIER, *Accords d'entreprise atypiques cit.,* 190. Quanto à possibilidade de aplicação desta teoria ao denominados «protocolos de fim de conflito», *vd* ainda QUENAUDON, *Des protocoles de fin de conflit...cit.,* 409 ss.

[161] Efectivamente, é dificilmente admissível que um contrato inválido (no caso, por incapacidade de uma das partes) se possa converter num acto unilateral de determinação das

na premissa da incapacidade da comissão de trabalhadores para a celebração deste tipo de acordos, que já vimos não se verificar no quadro do nosso ordenamento jurídico. Ele é assim de rejeitar.

ii) A segunda solução passa pela *exigência de um negócio jurídico complementar ou preparatório do acordo colectivo atípico, que valide a produção dos efeitos desse acordo na esfera jurídica dos trabalhadores.*

Esta solução pode ser implementada com recurso a um de dois instrumentos jurídicos, a aplicar, respectivamente, *ex ante* ou *ex post* à outorga do acordo colectivo atípico pela comissão de trabalhadores. Assim, uma vez assente a capacidade da comissão de trabalhadores para intervir nesta área, nada parece impedir que o universo dos trabalhadores da empresa mandate, *a priori*, a comissão[162] para, em seu nome e no seu interesse, negociar e celebrar um acordo colectivo atípico. Neste caso, estaremos, nos termos gerais, perante um contrato de mandato com representação (art. 1158.º n.º 1 do CC); e, ainda nos termos gerais (arts. 1158.º n.º 1 e 258.º do CC), os efeitos do negócio celebrado pelo mandatário (no caso, a comissão de trabalhadores) repercutem-se na esfera dos mandantes (neste caso, os trabalhadores).

---

condições de trabalho por uma das partes, ficando esta vinculada ao conteúdo «acordado», enquanto a outra parte a nada se vincula – no sistema jurídico nacional, uma tal solução contenderia, aliás, com o requisito geral da vontade hipotética das partes para operar a conversão do negócio, nos termos do art. 293.º do CC. Também criticando esta solução da jurisprudência francesa pela sua artificialidade, FREYRIA, *Les accords d'entreprise atypiques...cit.*, 465. Contudo, embora este autor conclua no sentido da invalidade destes acordos nos termos gerais e com fundamento na falta de legitimidade dos outorgantes (dado o monopólio sindical da contratação coelctiva), acaba por reconduzir o conteúdo desses acordos a emanações do poder directivo do empregador (*op. e loc. cits.*) – é uma solução que não subscrevemos porque corresponde, também ela, a uma alteração da natureza jurídica destes acordos que não tem sustentação.

[162] Também nada impede o universo de trabalhadores de mandatar outra entidade para este mesmo efeito (por exemplo, uma comissão *ad hoc* de trabalhadores), uma vez assente que o princípio da autonomia colectiva não se esgota no direito à contratação colectiva, exercido pelas associações sindicais, como oportunamente se referiu.

Problemas Dogmáticos da Negociação Colectiva Atípica   105

Por outro lado, tendo as comissões de trabalhadores capacidade para celebrar os acordos colectivos atípicos, como oportunamente ficou estabelecido, nada impede também que tais acordos sejam objecto de uma ratificação *a posteriori* pelos trabalhadores destinatários, nos termos gerais do art. 268.º n.º 1 do CC.

Como vimos, na apreciação do *case study* da Lição (o caso dos acordos laborais da Autoeuropa), a metodologia seguida pela comissão de trabalhadores desta empresa tem sido a da ratificação dos acordos laborais pelos trabalhadores, em votação posterior à celebração formal desses acordos. Por seu turno, o Anteprojecto do Código do Trabalho de 2003 estabelecia, a propósito da figura dos acordos gerais de empresa, um sistema de referendo destes acordos, como condição para a sua aplicação aos trabalhadores[163].

Em ambos os casos, estamos perante um processo de ratificação, que valida colectivamente o acordo colectivo atípico outorgado pelo empregador e pela comissão de trabalhadores. E, na verdade, *nada dispondo hoje a lei sobre este tipo de acordos, a sua ratificação poderá ser feita por qualquer meio idóneo, como tal se entendendo aquele meio que demonstre a aceitação do acordo pelos trabalhadores a quem ele vai ser aplicado.*

Naturalmente, seja através de um mandato atribuído *ex ante* à comissão de trabalhadores para outorgar o acordo colectivo atípico, seja através da ratificação *ex post* do acordo colectivo atípico pelos trabalhadores, a comissão de trabalhadores fica legitimada como representante do universo de trabalhadores para este efeito; e, *obviamente, a representação aqui em causa não corresponde já a um caso de representação legal mas um caso de representação voluntária.*

É o que se sustenta.

---

[163] *Supra,* nota 123.

9.3. Os limites da vinculação dos trabalhadores pelo acordo colectivo atípico: I. Enunciado do problema; II. Posição adoptada: a possibilidade de afastamento individual do acordo colectivo atípico pelo trabalhador; III. O âmbito do direito de oposição do trabalhador ao acordo colectivo atípico; IV. Aspectos procedimentais: o modo de oposição do trabalhador ao acordo colectivo atípico

I. Uma vez assente que a produção dos efeitos do acordo colectivo atípico na esfera dos trabalhadores pode ser legitimada por uma das duas vias assinaladas, resta apreciar um último aspecto relacionado com o problema dos efeitos do acordo colectivo atípico na esfera dos trabalhadores: é a questão dos limites da representação voluntária dos trabalhadores pela comissão de trabalhadores, na outorga de acordos colectivos atípicos. Por outras palavras, cabe saber se o trabalhador pode obstar à aplicação na sua esfera jurídica de um acordo colectivo atípico celebrado pela comissão de trabalhadores, mesmo que esse acordo tenha sido validado colectivamente ao abrigo de um mandato prévio e/ou de uma ratificação posterior no âmbito da sua empresa.

Numa primeira análise, a resposta a esta pergunta deveria ser negativa.

É que, por um lado, a comissão de trabalhadores é uma entidade de representação unitária dos trabalhadores na empresa, no sentido em que representa todos os trabalhadores dessa empresa – assim, uma vez validado o acordo colectivo atípico pelos respectivos destinatários, nos termos expostos acima, ele deveria aplicar-se a todos os trabalhadores. Por outro lado, admitir que, individualmente, os trabalhadores se possam subtrair à aplicação do acordo contraria o objectivo de uniformização das condições de trabalho no seio da empresa que é prosseguido pelo próprio acordo.

O regime previsto pelo Anteprojecto do Código do Trabalho de 2003 para a aplicação dos acordos gerais de empresa na esfera dos trabalhadores ia exactamente ao encontro destas preocupações, ao prever um sistema especial de ratificação do clausulado do acordo geral de empresa pelos trabalhadores: nos termos deste regime, caberia ratificar o acordo por referendo promovido pela comissão de trabalhadores junto dos trabalhadores, devendo considerar-se o acordo

Problemas Dogmáticos da Negociação Colectiva Atípica   107

ratificado desde que tivesse os votos favoráveis de dois terços dos trabalhadores votantes e o número de trabalhadores votantes correspondesse a 25% do número total de trabalhadores da empresa; em caso de ratificação, o acordo seria aplicável a todos os trabalhadores da empresa (art. 558.º do Anteprojecto); já em caso de não ratificação nos termos indicados, o acordo seria aplicável aos trabalhadores que não se lhe opusessem por escrito, no prazo de trinta dias (art. 565.º do Anteprojecto).

Contudo, não tendo sido acolhida a solução do Anteprojecto do Código do Trabalho de 2003, uma vez que caiu a própria figura dos acordos gerais de empresa, e nada dispondo o novo Código do Trabalho sobre a matéria, o problema mantém-se e tem que ser resolvido por outra via.

II. A nosso ver, na ausência de um regime laboral específico sobre esta matéria o problema deve ser resolvido não só tendo em conta as regras gerais da representação, mas também ponderando a essência do princípio da autonomia colectiva. Segundo cremos, *aquelas regras e este princípio apontam no sentido de admitir que os trabalhadores possam, individualmente, obstar à aplicação na sua esfera jurídica de um acordo colectivo atípico, mesmo que este tenha sido colectivamente validado por um acto de autorização e/ou de ratificação.*

Este entendimento justifica-se como segue:

i) Do ponto de vista laboral, ficou já estabelecido que o acordo colectivo atípico é um instrumento negocial colectivo, embora não corresponda a um instrumento de regulamentação colectiva do trabalho em sentido formal; assim como se comprovou também que este instrumento manifesta o princípio laboral da autonomia colectiva, uma vez que tal princípio não se esgota no direito de contratação colectiva em sentido formal.

Ora, uma vez assentes estes pressupostos, *não pode obviamente conceber-se que esta forma de autonomia colectiva seja exercida em moldes de menos liberdade para os trabalhadores abrangidos do que sucede com o direito de contratação colectiva em sentido estrito.* Assim, se com referência ao direito de contratação colectiva, o princípio da liberdade sindical (na sua vertente individual[164]) assegura que a convenção colectiva só é aplicada aos trabalhadores que, individualmente, manifestaram a vontade de ser por ela abrangidos, através do acto voluntário de inscrição na associação sindical outorgante, no caso do acordo colectivo atípico deve também ser admitido que cada trabalhador manifeste individualmente a sua vontade no sentido de ser abrangido pelo acordo ou, pelo contrário, no sentido se demarcar desse acordo declarando que não pretende que ele lhe seja aplicado.

Na verdade, a aplicação do acordo colectivo atípico aos trabalhadores *contra* a sua vontade viola a essência do princípio da autonomia colectiva, pelo que não deve ser admitida.

ii) Do ponto de vista civil, *também as regras gerais da representação voluntária apontam neste sentido*, uma vez que não se concebe que o negócio jurídico celebrado pelo representante (neste caso, a comissão de trabalhadores) se repercuta na esfera jurídica do representado (neste caso, o trabalhador) sem um acto anterior ou posterior deste último que legitime tal repercussão.

Justificada a nossa posição em termos gerais, cabe ainda ultrapassar uma última objecção que tem a ver com a extensão deste direito de oposição individual do trabalhador: deve reconhecer-se este direito em todos os casos? Ou, pelo contrário, nas situações em que o acordo colectivo atípico tenha sido ratificado pela maioria ou por uma percentagem significativa dos trabalhadores, essa validação colectiva deverá aproveitar a todos, obstando à oposição de um trabalhador individualmente considerado e assegurando assim a desejada uniformidade do regime laboral a aplicar no seio da empresa[165]?

---

[164] Como já se referiu (*supra,* nota 31), é habitual a distinção de uma valência colectiva e de uma valência individual no princípio da liberdade sindical. Neste caso, está em questão a valência individual deste princípio, que se reporta aos direitos sindicais de cada trabalhador (art. 55.º da CRP, *maxime* no n.º 2, alíneas a) e c) e alínea b), respectivamente), e, nomeadamente, a liberdade de filiação e de desvinculação sindical que assiste a cada trabalhador (art. 444.º do CT).

[165] Recorde-se que o Anteprojecto do Código do Trabalho de 2003 previa exactamente esta última solução, consagrando a eficácia geral dos acordos gerais de empresa quando ratificados por uma determinada percentagem dos trabalhadores e não admitindo, neste caso,

Para nós, *o direito de o trabalhador se opor à aplicação do acordo colectivo atípico na sua esfera jurídica deve ser independente da validação colectiva do acordo colectivo atípico, nomeadamente através da sua ratificação posterior e mesmo que esta validação colectiva tenha tido um resultado expressivo.* É que, como já se estabeleceu, a representação dos trabalhadores pela comissão de trabalhadores na celebração do acordo colectivo atípico é uma representação voluntária e não uma representação legal. Assim, na medida em que o referido acordo dispõe sobre as condições de trabalho do trabalhador, ele não pode, nos termos gerais, aplicar-se-lhe contra a sua vontade.

III. Uma vez admitida a possibilidade de oposição individual do trabalhador ao acordo colectivo atípico, como modo de obviar à produção dos respectivos efeitos na sua esfera laboral, cabe ainda responder ao problema de saber se o trabalhador pode opor-se apenas parcialmente ao acordo colectivo atípico, aceitando algumas das suas cláusulas e recusando outras.

A nosso ver, *não será de admitir uma oposição meramente parcial do trabalhador à aplicação do acordo colectivo atípico na sua esfera juslaboral,* por duas razões essenciais:

i) Em primeiro lugar, porque, não tendo sido parte no acordo, o trabalhador não tem em relação a ele liberdade de estipulação mas apenas liberdade de adesão. Assim, e ainda por analogia com o regime da contratação laboral por adesão, o trabalhador pode aderir a todo o acordo ou recusá-lo também globalmente, mas não pode modificar o seu conteúdo, o que sucederia em caso de «adesão parcial».

ii) Em segundo lugar, porque, apesar de não ser um instrumento de regulamentação colectiva em sentido técnico, o acordo colectivo atípico partilha do carácter transaccional típico destes instrumentos, no sentido em que envolve uma troca de vantagens e de encargos para cada uma das partes que reflecte um determinado equilíbrio global. Assim, admitir que cada traba-

---

a oposição individual dos trabalhadores neste caso. Contudo, nem o Código do Trabalho de 2003 nem o Código do Trabalho de 2009 têm uma norma idêntica.

lhador possa aproveitar do acordo colectivo atípico o regime que lhe é favorável e opor-se à aplicação das regras que lhe sejam desfavoráveis contraria a essência do próprio acordo.

IV. Chegados a este ponto, resta saber como é que o direito de oposição individual do trabalhador ao acordo colectivo atípico, pode ser exercido na prática.

A nosso ver, nada obsta a que a vontade do trabalhador quanto à aplicação do acordo colectivo atípico na sua esfera jurídica se manifeste de forma tácita, nos termos gerais do art. 217.º n.º 1 do CC, quando ele pretenda aceitar o acordo. Assim, se, no quotidiano do seu contrato de trabalho, o trabalhador se vier a conformar com a aplicação do regime previsto no acordo colectivo atípico, pode concluir-se que ele aceita tal acordo[166]. Na prática, esta será, aliás, a situação mais frequente.

Já em caso de oposição ao acordo, entende-se que é necessária uma manifestação expressa da vontade do trabalhador, por razões de praticabilidade. Assim, propõe-se a aplicação, por analogia, do regime de oposição individual do trabalhador ao regulamento da empresa, previsto no art. 104.º n.º 2 do CT, cabendo ao trabalhador manifestar por escrito e no prazo de 21 dias sobre a aprovação do acordo colectivo atípico a sua oposição ao mesmo para que ele não se repercuta na sua esfera juslaboral[167-168].

---

[166] Na verdade, sendo sempre necessária uma manifestação de vontade do trabalhador para que o acordo colectivo atípico se repercuta na sua esfera laboral, o problema que se deveria colocar é o da necessidade da ratificação colectiva do acordo pelos trabalhadores. A nosso ver, esta confirmação colectiva do acordo colectivo atípico não seria necessária perante a possibilidade de cada trabalhador manifestar individualmente a sua adesão (ou não) ao acordo. Ainda assim, tal confirmação colectiva é útil para aumentar a legitimidade substancial do acordo e para promover a paz social na empresa.

[167] A aplicação analógica da norma do art. 104.º n.º 2 do CT ao caso vertente justifica-se num argumento de identidade de razão: se o trabalhador se pode opor, por esta via à determinação unilateral das condições de trabalho pelo empregador, no regulamento empresarial, poderá também lançar mão deste expediente na situação em apreço.

[168] Em geral e por todos sobre este mecanismo de aprovação tácita (ou de oposição expressa) do trabalhador ao regulamento interno da empresa, vd ROSÁRIO PALMA RAMALHO, *Direito do Trabalho*, Parte II – *Situações Laborais Individuais*, 2.ª ed., Coimbra, 2008, 129 s.

Problemas Dogmáticos da Negociação Colectiva Atípica   111

10. **O problema das fontes: o acordo colectivo atípico, a lei e os instrumentos de regulamentação colectiva do trabalho em sentido próprio**

O último problema regimental colocado pela figura do acordo colectivo atípico é o problema da sua relação com as fontes laborais. Tendo em conta a complexidade do sistema de fontes laborais deve posicionar-se separadamente o acordo colectivo atípico perante as fontes laborais comuns (com destaque para as normas legais, evidentemente) e perante as fontes laborais específicas (i.e., os instrumentos de regulamentação colectiva do trabalho em sentido próprio).

> 10.1. *O acordo colectivo atípico e a lei: possibilidade de derrogação da lei pelo acordo colectivo atípico? I. Posicionamento do problema; II. Posição adoptada*

I. No que toca às normas legais, *o problema consiste em saber se o acordo colectivo atípico pode afastar regimes legais e em que sentido o poderá fazer.*

Este problema apresenta contornos delicados porque, como se sabe, a nossa lei estabelece regras diferentes para a conjugação dos instrumentos de regulamentação colectiva do trabalho com as normas legais e para a conjugação das fontes com o contrato de trabalho (art. 3.º n.ᵒˢ 1, 3 e 4 do CT, respectivamente). Ora, como vimos já, o acordo colectivo atípico tem estrutura negocial mas é materialmente um instrumento laboral colectivo, na medida em que constitui uma projecção do princípio da autonomia colectiva.

Tendo em conta esta dualidade, o problema que aqui se coloca é o de saber se, tendo em conta a semelhança material entre o acordo colectivo atípico e uma convenção colectiva de trabalho são de aplicar à relação entre o acordo colectivo atípico e a lei as regras de conjugação dos instrumentos de regulamentação colectiva com a lei (nomeadamente, o art. 3.º n.º 1 do CT, que permite a estes instrumentos afastarem as normas legais sempre que estas não sejam absolutamente imperativas, podendo neste caso, dispor quer num sentido mais favorável quer num sentido menos favorável ao trabalhador); ou se, tendo em conta a essência eminentemente negocial do acordo colectivo atípico, ele se deve antes sujeitar à regra do art. 3.º n.º 4 do CT, podendo apenas afastar as normas legais supletivas e as normas imperativas mínimas[169], mas, quanto a estas últimas só para estabelecer um regime mais favorável aos trabalhadores.

II. *Não sendo o acordo colectivo atípico um instrumento de regulamentação colectiva do trabalho em sentido próprio, crê-se que a possibilidade de afastamento dos regimes legais com maior latitude (e designadamente, para estabelecer um regime menos favorável aos trabalhadores do que o regime legal), que a lei confere àqueles instrumentos, ao abrigo do art. 3.º n.º 1 do CT, não deve ser extensível a este tipo de acordos.*

A nossa posição fundamenta-se em argumentos retirados da letra e do espírito da norma constante do art. 3.º n.º 1 do CT, conjugada com a essência do próprio acordo colectivo atípico. Assim:

i) Por um lado, *a regra do art. 3.º n.º 1 do CT é expressamente dirigida aos instrumentos de regulamentação colectiva do trabalho.* Ora, já tendo oportunamente concluído que os acordos colectivos atípicos não podem ser qualificados como instrumentos de regulamentação colectiva do trabalho, em razão do monopólio sindical do direito de contratação colectiva imposto pela Constituição, parece que tais acordos ficam fora do âmbito directo de aplicação desta regra.

ii) Por outro lado, a possibilidade de afastamento das normas legais não absolutamente imperativas pelos instrumentos de regulamentação colectiva, sobretudo quando esteja em causa o estabelecimento de um regime menos favorável ao trabalhador, é axiologicamente fundada num juízo do sistema juslaboral sobre a aptidão das associações sindicais, enquanto

---

[169] Na base desta particular combinação hierárquica das fontes laborais está a distinção tradicional entre normas laborais imperativas absolutas (que não admitem derrogação em qualquer sentido, por fonte de valor inferior, nem afastamento pelo contrato de trabalho), normas imperativas mínimas (que apenas podem ser afastadas para estabelecer um regime mais favorável ao trabalhador) e normas supletivas (que podem ser afastadas tanto por instrumento de regulamentação colectiva do trabalho como por contrato de trabalho em qualquer sentido). Sobre esta distinção, cujo desenvolvimento extravasa o nosso tema, ROSÁRIO PALMA RAMALHO, *Direito do Trabalho cit.*, I, 255 s.

representantes institucionais dos trabalhadores na contratação colectiva, para avaliarem e obterem as transacções possíveis em cada negociação, mesmo que o resultado final conseguido na convenção colectiva passe por regimes menos favoráveis aos trabalhadores. Por outras palavras, *esta maior latitude dos instrumentos de regulamentação colectiva no afastamento dos regimes legais assenta na confiança do ordenamento no sistema de contratação colectiva e na maturidade dos sindicatos para gerirem tal sistema em representação dos trabalhadores.*

Ora, este juízo não pode ser feito sobre as comissões de trabalhadores, uma vez que a lei não lhes atribui o direito de contratação colectiva. Assim, também não se justifica a aplicação, por analogia, da regra do art. 3.º n.º 1 do CT aos acordos colectivos atípicos.

Perante o exposto, parece-nos mais adequado sujeitar os acordos colectivos atípicos à regra do art. 3.º n.º 4 do CT, admitindo assim que eles afastem as normas legais supletivas em qualquer sentido e as normas legais imperativas mínimas apenas para estabelecer um regime mais favorável aos trabalhadores.

Sendo certo que aquela regra do Código do Trabalho é destinada a regular a relação entre o contrato de trabalho e as fontes laborais, a sua aplicação à situação em análise apenas pode ser feita por analogia. Contudo, tal aplicação analógica justifica-se pela essência eminentemente negocial dos acordos colectivos atípicos, que oportunamente estabelecemos.

É o que se propõe.

10.2. *O acordo colectivo atípico e os instrumentos de regulamentação colectiva do trabalho tradicionais: I. Problemas de hierarquia ou problemas de concorrência?; II. Problemas de sucessão*

I. Tendo em conta que o acordo colectivo atípico contém um conjunto de regras de aplicabilidade geral e cuja incidência pode coincidir com o âmbito subjectivo de um instrumento de regulamentação colectiva do trabalho em sentido estrito, podem também surgir problemas na relação entre os dois tipos de instrumentos, que cabe apreciar.

O primeiro problema que se coloca nesta matéria é o *problema da escolha do instrumento aplicável aos trabalhadores da empresa no âmbito da qual o acordo colectivo atípico tenha sido celebrado, quando também seja aplicável simultaneamente nesse mesmo universo um instrumento de regulamentação colectiva do trabalho em sentido próprio, a alguns ou mesmo a todos os trabalhadores da empresa.* Esta situação pode ocorrer porque já existe uma convenção colectiva de trabalho para aquela área de actividade ou categoria profissional, que abrange os trabalhadores membros da associação sindical outorgante (nos termos gerais da regra da filiação – art. 496.º do CT) ou porque, por hipótese, foi emitida uma portaria de extensão que alarga o âmbito subjectivo de incidência dessa convenção aos restantes trabalhadores da empresa (nos termos do art. 514.º do CT)[170].

Colocado o problema, é útil recordar as soluções já propostas para o enfrentar, quer na prática de celebração de acordos colectivos atípicos que analisámos, como *case study* da nossa Lição, quer no âmbito do Anteprojecto para o Código do Trabalho de 2003, que também previa este problema.

Assim:

i) No âmbito do Anteprojecto do Código do Trabalho de 2003, como vimos em devido tempo[171], a solução encontrada para este problema partia da qualificação dos acordos gerais de empresa como uma nova categoria de instrumento de regulamentação colectiva do trabalho em sentido formal: tendo em conta esta qualificação, o art. 547.º do Anteprojecto considerava o acordo geral de empresa como uma fonte residual, que cederia perante os demais instrumentos de regulamentação colectiva do trabalho negociais. A solução assentava assim

---

[170] Como é sabido, em Portugal, esta hipótese está longe de ser teórica, uma vez que a prática de emissão de portarias de extensão se encontra largamente disseminada, como já tivemos ocasião de referir oportunamente nesta Lição.

[171] Cfr., *supra*, nota 123.

Problemas Dogmáticos da Negociação Colectiva Atípica 115

no carácter subsidiário deste tipo de instrumento, o que afastava os problemas de concorrência com as convenções colectivas de trabalho[172].

ii) Já na prática dos acordos laborais da Autoeuropa, como também se viu oportunamente[173], a solução tem sido encontrada através de uma cláusula, inserida nos acordos mais recentes, que estabelece a prevalência do acordo colectivo de trabalho do sector sobre o acordo celebrado na empresa entre a comissão de trabalhadores e o empregador, sempre que as disposições do acordo colectivo de trabalho sejam mais favoráveis aos trabalhadores. Nesta solução assume-se pois que ambos os instrumentos podem ter a mesma incidência subjectiva, mas resolve-se o problema do instrumento aplicável com apelo ao princípio laboral tradicional do tratamento mais favorável.

Perante a falta de um regime específico sobre este problema, pensamos que o problema colocado pode ser resolvido por uma de duas formas: ou fazendo apelo às regras de concorrência entre instrumentos de regulamentação colectiva do trabalho, a aplicar por analogia (neste caso, poderia ter aplicação a regra do art. 484.º do CT, considerando-se os acordos colectivos atípicos como instrumentos subsidiários ou residuais, numa solução semelhante à que foi proposta no Anteprojecto do Código do Trabalho de 2003); ou adoptando-se as regras de conjugação de fontes laborais de valor hierárquico diferente e de conjugação dos instrumentos de regulamentação colectiva do trabalho com o próprio contrato de trabalho, que fazem apelo do princípio do *favor laboratoris* (arts. 3.º n.º 4 e 476.º do CT), também por analogia.

---

[172] Tratava-se, como decorre do exposto, de uma solução semelhante à solução legal estabelecida para a conjugação dos instrumentos de regulamentação colectiva do trabalho negociais com os instrumentos de regulamentação colectiva do trabalho não negociais ou administrativos. Nos termos do art. 484.º do CT – que mantém a regra que vem já da LRCT (art. 38.º) e foi mantida pelo Código do Trabalho de 2003 (art. 538.º) – a entrada em vigor de uma convenção colectiva de trabalho afasta automaticamente a aplicação, no respectivo âmbito de incidência, de um instrumento de regulamentação colectiva do trabalho não negocial.

[173] Cfr., *supra*, ponto 6.1.III.

116   *Negociação Colectiva Atípica*

Equacionado o problema e indicadas as soluções possíveis, cabe tomar posição.

A nosso ver, *a aplicação analógica da regra do art. 484.º do CT ao nosso problema está fora de causa, porque o acordo colectivo atípico não é, no actual quadro legal, um instrumento de regulamentação colectiva do trabalho.* Assim, na eventual colisão entre um acordo colectivo atípico e uma convenção colectiva de trabalho, por serem ambos potencialmente aplicáveis ao mesmo universo de trabalhadores, não se configura verdadeiramente uma situação de concorrência de instrumentos de regulamentação colectiva, tal como essa situação está prevista na lei laboral.

Mais promissora se afigura a solução do problema que vem sendo consagrada nos acordos laborais da Autoeuropa e que faz apelo ao princípio do tratamento mais favorável, conjugado com as regras da hierarquia das fontes laborais, para decidir o regime a aplicar em concreto.

É que *o problema que aqui se coloca é um problema de relacionamento entre dois instrumentos normativos de valor hierárquico diferente*: uma convenção colectiva de trabalho, que é, formalmente reconduzida à categoria de fonte laboral; e um instrumento atípico que, não sendo um instrumento de regulamentação colectiva em sentido próprio, contém, independentemente da natureza jurídica que lhe venha a ser atribuída[174], um conjunto de regras de aplicabilidade geral. Assim, a existir um conflito de fontes, será um conflito hierárquico.

Recolocado o problema nos seus devidos termos, entende-se que ele deve ser resolvido com recurso à regra de conjugação dos instrumentos de regulamentação colectiva com o contrato de trabalho, formulada no art. 476.º do CT. Assim, *os acordos colectivos atípicos só podem afastar-se do regime dos instrumentos de regulamentação colectiva do trabalho em sentido estrito para dispor em sentido mais favorável aos trabalhadores, não devendo prevalecer sobre aqueles instrumentos na hipótese inversa.*

Naturalmente, a aplicação destas regras à situação em apreço só pode ser feita por analogia, uma vez que o acordo colectivo atípico

---

[174] Trataremos esta questão no ponto seguinte da Lição.

Problemas Dogmáticos da Negociação Colectiva Atípica   117

não se confunde com o contrato de trabalho. A aplicação analógica justifica-se, contudo, facilmente num argumento de identidade de razão, uma vez que o acordo colectivo atípico tem, como vimos oportunamente, uma estrutura negocial.
É a solução que se sustenta.

II. O segundo problema que se pode colocar na relação entre o acordo colectivo atípico e a convenção colectiva de trabalho é o *problema de saber se são aplicáveis neste contexto as regras laborais em matéria de sucessão de instrumentos de regulamentação colectiva do trabalho* – designadamente, a regra do art. 503.º do CT, nos termos da qual um instrumento de regulamentação colectiva que suceda a outro instrumento de regulamentação colectiva deve ser globalmente mais favorável do que o anterior[175].

Face ao que já concluímos sobre a impossibilidade de recondução do acordo colectivo atípico a um instrumento de regulamentação colectiva em sentido próprio, uma vez que tal qualificação colide com o monopólio sindical do direito de contratação colectiva, a resposta a esta questão terá que ser negativa: *não sendo um instrumento de regulamentação colectiva em sentido formal, o acordo colectivo atípico não pode «suceder» a uma convenção colectiva de trabalho nos termos e para os efeitos do art. 503.º do Código do Trabalho.*

Sendo assim, perante o vazio regulativo que se instale, por hipótese na situação de caducidade de uma convenção colectiva que não foi oportunamente substituída por outra, pode vir a ser celebrado, à margem do processo de sucessão de instrumentos de regulamentação colectiva, um acordo colectivo atípico no mesmo universo, que disponha em sentido diferente ou até, porventura, num sentido menos favorável do que aquela convenção colectiva de trabalho. E, neste caso de ausência de regulamentação colectiva, o acordo colectivo atípico apenas terá que ser mais favorável do que a lei, nos termos gerais do art. 3.º n.º 4 do CT, tal como explicitámos no ponto anterior.

---

[175] Esta regra, muito tradicional no nosso ordenamento juslaboral, é, como já tivemos ocasião de assinalar, uma projecção do princípio laboral geral da protecção do trabalhador, na vertente da progressividade irredutível dos regimes laborais.

11. O problema da natureza jurídica do acordo colectivo atípico

Apreciados os problemas regimentais suscitados pela figura do acordo colectivo atípico no quadro do sistema nacional de contratação colectiva, estamos aptos a enfrentar o último problema suscitado por esta figura: o problema da sua natureza jurídica[176].

Perante o exposto até aqui, facilmente se compreende que este problema decorre do facto de o acordo colectivo atípico ter uma estrutura singular, que combina elementos negociais com uma pretensão de aplicação geral e abstracta do seu conteúdo.

Cabe assim, avaliar, se o acordo colectivo atípico pode ser reconhecido como uma fonte laboral e, bem assim, apreciá-lo enquanto negócio jurídico. Por motivos de clareza, vamos proceder a esta avaliação separadamente.

11.1. *O acordo colectivo atípico como fonte laboral: I. A distinção entre fonte em sentido formal e fonte em sentido material; II. O acordo colectivo atípico como fonte laboral em sentido material*

I. Tendo presente o conceito geral de fonte de direito, como forma de produção e revelação de normas jurídicas[177], podem identificar-se como fontes do Direito do Trabalho as várias formas de produção e revelação de normas de incidência laboral[178].

Em sentido formal (ou seja, sendo como tal reconhecidas pela lei) são fontes laborais as fontes comuns (i.e., a lei, o costume[179] e ainda, com especial relevância, os usos laborais, desde que não se-

---

[176] Adoptamos, naturalmente, a metodologia de analisar os problemas regimentais colocados por esta figura antes de entrarmos na questão da sua natureza jurídica, uma vez que a validade da construção dogmática da figura depende do apoio dessa mesma construção no regime jurídico aplicável.

[177] Por todos, quanto ao conceito geral de fonte de direito, vd I. GALVÃO TELLES, *Introdução ao Estudo do Direito*, I, 11.ª ed., Coimbra, 1999, 63, e J. OLIVEIRA ASCENSÃO, *O Direito. Introdução e Teoria Geral,* 13.ª ed., Coimbra, 2005, 256.

[178] Por todos, quanto ao conceito de fontes laborais, ROSÁRIO PALMA RAMALHO, *Direito do Trabalho cit.*, I, 139.

jam contrários à boa fé – art. 1.º do CT) e as denominadas fontes laborais específicas, i.e., os modos de produção e revelação próprios e exclusivos do direito do trabalho, no âmbito dos quais sobressaem os instrumentos de regulamentação colectiva do trabalho (art. 1.º do CT)[180], nas suas várias modalidades, contempladas no art. 2.º do CT: os instrumentos de regulamentação colectiva do trabalho convencionais ou negociais (convenções colectivas de trabalho, nas suas várias modalidades, acordo de adesão e decisão arbitral em processo de arbitragem voluntária); e os instrumentos de regulamentação colectiva do trabalho administrativos ou não negociais (portaria de extensão, portaria de condições de trabalho e decisão arbitral em processo de arbitragem necessária ou obrigatória).

Para além destas fontes laborais em sentido formal pode, naturalmente, ser debatida a possibilidade de reconhecimento como fonte laboral de outras figuras, que contêm regras de conduta gerais e abstractas, ou seja, normas jurídicas. Neste caso, estaremos perante fontes laborais em sentido material, já que não são como tal qualificadas pela lei.

No nosso sistema jurídico, como é sabido, esta questão tem sido debatida a propósito da figura do regulamento interno (arts. 99.º e 104.º n.º 1 do CT), que, tal como outros autores, temos reconhecido como uma fonte laboral em sentido material, uma vez que contém regras laborais dotadas de generalidade e abstracção[181].

---

[179] Prescindimos, nesta Lição, de qualquer discussão sobre a distinção entre fontes imediatas e mediatas e, nessa medida, da referência à jurisprudência, enquanto fonte mediata.

[180] Como é sabido, os usos laborais são também referidos nesta norma com uma das fontes a que se sujeita «em especial» o contrato de trabalho, e têm, no domínio laboral, um valor acrescido, uma vez que o seu relevo é reconhecido pela lei laboral em termos genéricos. Ainda assim, trata-se de uma fonte comum nos termos do art. 3.º do CC (no sentido em que não é um modo de produção e de revelação de normas jurídicas exclusivo do Direito do Trabalho), pelo que não a consideramos no âmbito das fontes laborais específicas. Trata-se, de qualquer modo, de um tema que não nos pode aqui ocupar – para mais desenvolvimentos sobre o tema dos usos laborais, ROSÁRIO PALMA RAMALHO, *Direito do Trabalho cit.*, I, 219 ss.

[181] Neste sentido se pronunciou MENEZES CORDEIRO, *Manual de Direito do Trabalho cit.*, 179, mas contra, por exemplo, ROMANO MARTINEZ, *Direito do Trabalho cit.*, 163 ss., e MENEZES LEITÃO, *Direito do Trabalho cit.*, 63 ss., que não consideram esta figura no elenco das fontes laborais. Sobre esta questão, que não cabe aqui desenvolver, ROSÁRIO PALMA RAMALHO, *Direito do Trabalho cit.*, I, 246 ss.

O mesmo problema de qualificação pode ser suscitado pelo acordo colectivo atípico.

II. A nosso ver, *o acordo colectivo atípico não pode ser reconduzido à categoria de fonte laboral em sentido formal, uma vez que não é como tal qualificado pela lei e não corresponde a uma nova modalidade de instrumento de regulamentação colectiva do trabalho.*

É que, como oportunamente se comprovou, apenas as associações sindicais têm capacidade para celebrar convenções colectivas de trabalho e mesmo quando delegam os seus poderes para tal nas comissões de trabalhadores (ao abrigo da norma do art. 491.º n.º 3 do CT) estas comissões actuam em representação daquelas associações na outorga de uma convenção colectiva de trabalho em sentido próprio – e não em nome próprio e à margem do sistema constitucional e legal de contratação colectiva, como sucede quando celebram um acordo colectivo atípico.

Em suma, está fora de causa a qualificação do acordo colectivo atípico como fonte laboral em sentido formal.

Contudo, *este facto não obsta à qualificação do acordo colectivo atípico como fonte laboral em sentido material.*

Com efeito, se atentarmos no conteúdo destes acordos, que pusemos em evidência no *case study* da Lição, verificamos que o essencial desse conteúdo não reside na imposição de regras às partes outorgantes (i.e., as comissões de trabalhadores e o empregador), mas na definição de um conjunto de regras gerais e abstractas que constituem o regime uniforme de trabalho a aplicar a um determinado conjunto de trabalhadores – por outras palavras, o essencial do conteúdo do acordo colectivo atípico é, à semelhança do que sucede com as convenções colectivas de trabalho em sentido formal, o conteúdo «normativo» ou «regulativo».

Neste quadro, correspondendo as cláusulas do acordo colectivo atípico relativas aos trabalhadores a regras jurídicas gerais e abstractas, estamos, de facto, perante uma nova fonte laboral em sentido material.

É o que se sustenta.

Resta dizer que, *não correspondendo o acordo colectivo atípico a um instrumento de regulamentação colectiva do trabalho em sentido formal, enquanto fonte laboral ele deve ser colocado na base da hierarquia das fontes, a par do regulamento interno e abaixo dos instrumentos de regulamentação colectiva do trabalho em sentido estrito.* Esta colocação do acordo colectivo atípico na escala hierárquica das fontes laborais é também um critério decisivo para a resolução dos problemas de conflitos de fontes que apreciámos no ponto antecedente da Lição, confirmando que o acordo colectivo atípico não prevalece sobre as fontes laborais em sentido formal.

11.2. *O acordo colectivo atípico enquanto contrato: 11.2.1. Aspectos gerais: I. Elementos essenciais e pressupostos do acordo colectivo atípico enquanto contrato; II. O problema da qualificação do acordo colectivo atípico enquanto contrato; 11.2.2. A qualificação do acordo colectivo atípico enquanto contrato (entendimentos possíveis): I. O acordo colectivo atípico como contrato celebrado com recurso a cláusulas contratuais gerais; II. O acordo colectivo atípico como contrato a favor de terceiro; III. O acordo colectivo atípico como contrato celebrado por representante e como um caso de gestão de nagócios; 11.2.3. Posição adoptada: o acordo colectivo atípico como contrato* sui generis *com natureza normativa; I. As premissas da construção; II. A justificação da qualificação do acordo colectivo atípico como um contrato normativo*

11.2.1. Aspectos gerais: I. Elementos essenciais e pressupostos do acordo colectivo atípico enquanto contrato; II. O problema da qualificação do acordo colectivo atípico enquanto contrato

I. O facto de termos reconduzido o acordo colectivo atípico à categoria de fonte laboral em sentido material não afasta a necessidade de apreciarmos o problema da sua natureza jurídica enquanto contrato, uma vez que, como verificámos oportunamente, o acordo colectivo atípico tem uma estrutura eminentemente negocial.

Para este efeito, convém recordar algumas conclusões a que fomos chegando ao longo da Lição, que relevam em especial para a resolução deste problema. Estas conclusões são as seguintes:

1) A negociação colectiva atípica corresponde a um *processo negocial em sentido próprio*, envolvendo propostas, contrapropostas e uma negociação, aliás quase sempre complexa e demorada.

2) *O resultado deste processo corresponde a um negócio jurídico em sentido próprio*, já que o acordo colectivo atípico traduz uma auto-regulação de interesses das partes outorgantes, que é, inequivocamente, o produto da sua vontade. O acordo colectivo atípico manifesta assim o princípio geral da autonomia privada (art. 405.º do CC), que, no caso, se evidencia na sua máxima amplitude, uma vez que se traduz na liberdade de celebração e na liberdade de estipulação das partes.

3) Enquanto negócio jurídico, *o acordo colectivo atípico corresponde à categoria do contrato*, uma vez que é celebrado por duas partes (a comissão de trabalhadores e o empregador), que prosseguem interesses contrapostos.

4) *Neste contrato estão presentes os pressupostos subjectivos e objectivos dos negócios jurídicos*: as partes gozam de personalidade jurídica e têm capacidade para a prática deste acto; e o negócio tem um objecto lícito e prossegue interesses legítimos (no caso, interesses do empregador e dos trabalhadores na auto-regulação uniforme das condições de trabalho dos segundos num certo universo empresarial).

Enquanto contrato, o acordo colectivo atípico tem que se caracterizar como um *contrato atípico* porque não corresponde a uma figura negocial regulada na lei. Mas, naturalmente, este facto não é gerador de ilicitude, porque estamos no âmbito do direito privado, sendo, por isso, admissível que as partes prossigam os seus interesses da forma que entenderem e, nomeadamente, celebrando contratos diferentes dos previstos na lei (art. 405.º n.º 1 do CC), desde que não contrariem normas imperativas.

Sendo os interesses das partes, neste caso, interesses privados e laborais, o acordo colectivo atípico manifesta a valência especial da autonomia privada que é a autonomia colectiva.

II. Os elementos indicados confirmam a essência eminentemente negocial do acordo colectivo atípico. No entanto, eles não são suficientes para explicar o traço mais específico deste acordo, que pusemos em evidência no momento próprio: i.e., o facto de, ao mesmo tempo que estabelece um conjunto de direitos e de deveres para os respectivos outorgantes, o acordo colectivo atípico ter como conteúdo essencial a instituição de um regime de trabalho para entidades que não são os outorgantes (os trabalhadores), pretendendo aplicar--se nas respectivas esferas jurídicas.

Na verdade, como decorre da exposição anterior, este conteúdo essencial do acordo colectivo atípico aproxima-o substancialmente da figura da convenção colectiva de trabalho, fazendo-o partilhar do dualismo característico desta figura, que levou CARNELUTTI[182] a situá-la a meio caminho entre o contrato e a norma por ter uma formação e uma índole tipicamente negociais mas desempenhar uma função tipicamente normativa.

Simplesmente, se, no caso da convenção colectiva, tal dualidade é legitimada directamente pela lei, ao qualificar este instrumento como fonte laboral[183], no caso do acordo colectivo atípico a mesma justificação formal não procede, uma vez que estes acordos apenas podem ser qualificados como fonte laboral em sentido material, nos termos oportunamente explicitados.

Neste contexto, cabe explorar as várias vias negociais de justificação do acordo colectivo atípico que possam explicar a produção dos seus efeitos na esfera jurídica dos trabalhadores da empresa a que se destina, sem perder de vista os outros aspectos do conteúdo deste acordo.

A nosso ver, ainda em ambiente contratual[184], este conteúdo complexo do acordo colectivo atípico e, designadamente, a sua eficácia perante os trabalhadores poderiam ser justificados por uma de

---

[182] *Teoria del regolamento colletivo...cit.*, 116.

[183] Note-se, ainda assim, que esta explicação para a natureza dualista da convenção colectiva de trabalho é uma explicação meramente formal; o problema da natureza jurídica da convenção colectiva está para além desta dimensão e continua, até hoje, por explorar. Este é, em todo o caso, um problema que ultrapassa as nossas reflexões.

[184] Como decorre do exposto, prescindimos de apreciar justificações deste efeito «normativo» do acordo colectivo atípico que são desenvolvidas à margem da sua essência contratual.

três vias, que já foram, aliás, ensaiadas para responder ao problema da natureza jurídica da convenção colectiva: através da recondução do acordo colectivo atípico a um contrato celebrado com recurso a cláusulas contratuais gerais; através da sua recondução a uma modalidade de contrato a favor de terceiro; e através do instituto da representação voluntária conjugado com a figura da gestão de negócios.

Apreciemos então a aptidão explicativa destas figuras e institutos para enquadrar em termos dogmáticos o acordo colectivo atípico.

11.2.2. A qualificação do acordo colectivo atípico enquanto contrato (entendimentos possíveis): I. O acordo colectivo atípico como contrato celebrado com recurso a cláusulas contratuais gerais. II. O acordo colectivo atípico como contrato a favor de terceiro; III. O acordo colectivo atípico como contrato celebrado por representante

I. Uma primeira construção do acordo colectivo atípico, que poderia explicar a complexidade do seu conteúdo e, designadamente, a sua eficácia na esfera dos trabalhadores da empresa, poderia ser a da *recondução deste acordo a um contrato celebrado com recurso a cláusulas contratuais gerais, como tal se qualificando as cláusulas do acordo colectivo atípico relativas aos trabalhadores (ou seja, aquelas cláusulas que, num instrumento de regulamentação colectiva do trabalho em sentido próprio, integrariam o denominado «conteúdo*

É o caso da justificação subscrita por um sector da jurisprudência e da doutrina francesas que assimila a aplicação dos acordos colectivos atípicos na esfera dos trabalhadores à aplicação, na mesma esfera, dos regulamentos de empresa, ou seja, fazendo valer estes acordos não enquanto contratos (porque as comissões de trabalhadores não teriam capacidade para os celebrar) mas como negócios unilaterais do empregador (*engagement unilatéral*), que o vinculam nos termos dos negócios unilaterais – é o entendimento sufragado, em apoio da jurisprudência, por autores como VACHET, *Les accords atypiques cit.*, 624. Esta explicação não é satisfatória porque assenta num pressuposto errado (o pressuposto da incapacidade das comissões de trabalhadores para a outorga destes acordos), porque passa por uma alteração da natureza bilateral do acordo colectivo atípico, que é artificial, e ainda porque o seu resultado prático é inadequado, uma vez que, enquanto negócio unilateral, o «acordo» apenas pode vincular o seu autor e não a outra parte – o que retira todo o interesse à figura.

normativo»). Com esta qualificação, ficaria justificado o carácter uniforme e rígido dos regimes constantes do acordo colectivo atípico, e a aplicação deste acordo na esfera negocial de cada trabalhador seria explicada através da sua adesão ao negócio.

Como decorre do exposto, esta via explicativa do acordo colectivo atípico faz apelo à semelhança material entre as cláusulas «normativas» do acordo colectivo atípico e as cláusulas contratuais gerais: é que, pelo menos na aparência, as cláusulas «normativas» do acordo colectivo atípico partilham das características da pré-fixação, da rigidez e uniformidade do conteúdo e da indeterminação dos destinatários, que são típicas das cláusulas contratuais gerais (e são evidenciadas pelo respectivo regime jurídico, *verbi gratia,* pelo art. 1.º n.º 1 da LCCG[185]), uma vez que se apresentam perante os trabalhadores destinatários como proposições pré-determinadas, uniformes e de conteúdo rígido, destinadas a um conjunto não fixo de destinatários e que não são objecto de negociação individual por cada trabalhador. Por outro lado, tal como sucede com os contratos celebrados com recurso a cláusulas contratuais gerais (art. 4.º da LCCG), o acordo colectivo atípico também tem que ser aceite pelos trabalhadores, que o podem fazer, como vimos oportunamente, de forma expressa ou tácita.

Noutra linha, esta construção teria a vantagem de explicar a aplicação do acordo a trabalhadores cujos contratos de trabalho fossem celebrados já durante a sua vigência: não podendo estes trabalhadores ser representados pela comissão de trabalhadores, aquando da celebração do acordo, nada impediria que eles viessem a «aderir» posteriormente a esse acordo.

Apesar de atractiva, a recondução do acordo colectivo atípico a um contrato celebrado através de cláusulas contratuais gerais não é, na nossa opinião, apta a enquadrar a figura em estudo, por três motivos essenciais: em primeiro lugar, porque as cláusulas «normativas» do acordo colectivo atípico não correspondem juridicamente a

---

[185] Sobre estas características típicas das cláusulas contratuais gerais, que decorrem da LCCG (aprovada DL n.º 446/85, de 25 de Outubro, com as alterações introduzidas pelo DL n.º 220/95, de 31 de Agosto, e pelo DL n.º 249/99, de 7 de Julho), *vd,* por todos, MENEZES CORDEIRO, *Tratado de Direito Civil cit.,* I, 598 s.

cláusulas contratuais gerais; em segundo lugar, porque, ao contrário do que sucede com o contrato celebrado com recurso a cláusulas contratuais, no acordo colectivo atípico não se coloca um problema de formação do negócio mas sim um problema de eficácia desse negócio perante terceiros (neste caso, perante os trabalhadores); e em terceiro lugar, porque esta construção é totalmente inadequada para explicar o conteúdo não «normativo» do acordo colectivo atípico, i.e., os direitos e obrigações que as partes outorgantes (i.e., a comissão de trabalhadores e o empregador) assumem uma em relação à outra.

Senão, vejamos:

Como é sabido, o que caracteriza o contrato celebrado com recurso a cláusulas contratuais gerais é o facto de estas cláusulas serem elaboradas previamente por uma das partes do negócio e apresentadas em bloco à outra parte, que se limita a aceitar ou a repudiar essas cláusulas. Assim sendo, as especificidades deste negócio residem no seu processo de formação e decorrem do desequilíbrio da posição das partes nesse processo, uma vez que apenas uma delas tem liberdade de estipulação e a outra apenas tem liberdade de celebração quanto a todo ou a parte do conteúdo do negócio[186].

Ora, não é esta a situação que se verifica no caso do acordo colectivo atípico. Por um lado, do ponto de vista negocial, o acordo colectivo atípico corresponde a um contrato comum, no sentido em que ambas as partes (i.e., o empregador e as comissões de trabalhadores) têm liberdade de celebração e de estipulação relativamente a todos os pontos do conteúdo do negócio – não há, pois, neste caso qualquer pré-determinação do conteúdo do negócio por uma das partes, como sucede nos negócios celebrados com recurso a cláusulas contratuais gerais. Por outro lado, não sendo o trabalhador parte no acordo colectivo atípico, observa-se que tal acordo só se lhe «impõe» uma vez já concluído e formalizado por outra entidade – ou seja, não em fase de formação do contrato, como sucede com os contratos celebrados com recurso a cláusulas contratuais gerais, mas posteriormente.

---

[186] Ainda neste sentido, MENEZES CORDEIRO, *Tratado de Direito Civil cit.*, I, 599 s.

Perante o exposto, cabe concluir: *mau grado as suas aparentes semelhanças, as cláusulas do acordo colectivo atípico não correspondem tecnicamente a cláusulas contratuais gerais; e porque as dificuldades de construção dogmática do acordo colectivo atípico não têm a ver com a sua formação mas com a sua posterior aplicação na esfera dos trabalhadores, a figura das cláusulas contratuais gerais não é apta a explicar este negócio.*

Acresce que esta construção não explica a outra parcela do conteúdo do acordo colectivo atípico, ou seja, o conjunto dos direitos e deveres que as partes outorgantes assumem uma em relação à outra. Assim, ela tem ainda a desvantagem de não corresponder a uma explicação unitária do acordo colectivo atípico.

II. Uma outra construção dogmática do acordo colectivo atípico que poderia explicar a produção dos seus efeitos na esfera jurídica dos trabalhadores poderia passar pela *recondução deste acordo à figura do contrato a favor de terceiro.*

Nesta construção, as partes do negócio (i.e., a comissão de trabalhadores e o empregador) assumiriam em relação a terceiros estranhos ao negócio (no caso, os trabalhadores) a obrigação de efectuar certa prestação correspondente a um interesse digno de tutela legal – no caso, estaria em causa a assunção, pelo empregador, dos deveres inerentes ao regime laboral a aplicar aos trabalhadores, que tivesse sido acordado nesse contrato. Assim, poderiam considerar-se reunidos os elementos essenciais da figura do contrato a favor de terceiro, tal como ela é configurada pelo art. 443.º do CC, e tem sido tratada nas nossa doutrina[187].

Esta construção dogmática do acordo colectivo atípico teria ainda a vantagem de explicar a produção de efeitos deste acordo na esfera jurídica dos trabalhadores sem recorrer ao instituto da representação, uma vez que os trabalhadores são perspectivados como terceiros em relação ao próprio acordo colectivo atípico. Assim, seria mais fácil de compreender, designadamente, a aplicação do acordo a trabalhadores que não mandataram a comissão de trabalhadores para o outorgar (por exemplo, porque ainda não eram trabalhadores da

---

[187] Por todos, sobre a figura do contrato a favor de terceiro, D. LEITE DE CAMPOS, *Contrato a favor de terceiro,* Coimbra, *reprint,* 2009, 7, 11 e *passim.*

empresa ao tempo da celebração do acordo) e que, por isso, não podem ser por ela representados.

Embora seja atractivo – até pela sua simplicidade – este entendimento não satisfaz por uma razão muito simples: é que o conteúdo «normativo» do acordo colectivo atípico não se deixa reduzir a uma prestação (ou sequer a um conjunto de prestações) do empregador em benefício dos trabalhadores, mas corresponde antes, como é bem sabido, e foi, aliás, comprovado com a análise do *case study* desta Lição, a um complexo de direitos e deveres assumidos pelas partes do negócio (no caso, a comissão de trabalhadores e o empregador) e pelos próprios trabalhadores (aqui, necessariamente terceiros em relação a este negócio). Por outras palavras, com a ratificação do acordo colectivo atípico, os trabalhadores não se tornam apenas beneficiários desse acordo mas assumem um conjunto de direitos e obrigações, sendo certo que as segundas não correspondem, obviamente, a prestações em seu favor mas a prestações em benefício do empregador. Ora, assim sendo, não se encontra preenchido, na *fattispecie* em apreciação, o requisito de que a prestação seja *em benefício* do terceiro, que corresponde a um elemento essencial do contrato a favor de terceiro, nos termos da lei (art. 443.º n.º 1 do CC)[188].

Acresce que, *tal como a anterior, esta construção não explica a dualidade do conteúdo do acordo colectivo atípico, e, designadamente, os direitos e deveres assumidos pelas partes outorgantes entre si e não em relação aos trabalhadores.* Estamos pois aqui também perante uma justificação parcelar da figura do acordo colectivo atípico.

Estas objecções são intransponíveis. Assim, também a figura do contrato a favor de terceiro não é apta a explicar o acordo colectivo atípico.

---

[188] Ainda sobre o elemento essencial do benefício a terceiro, LEITE DE CAMPOS, *Contrato a favor de terceiro cit.*, 7 e 11. Também salientando as dificuldades de recondução dos acordos celebrados entre a comissão de trabalhadores e o empregador no seio da empresa, em matéria atinente aos trabalhadores, ao contrato a favor de terceiro, ao menos nas situações em que tais acordos imponham deveres aos trabalhadores, RAYMONDE VATINET, *La négociation au sein du comité d'entreprise cit.*, 676 s., e VACHET, *Les accords atypiques cit.*, 623 s..

Problemas Dogmáticos da Negociação Colectiva Atípica 129

III. Uma terceira via de construção dogmática da figura do acordo colectivo atípico, capaz de explicar a sua repercussão nos contratos dos trabalhadores da empresa a que se destina, passa pelo *instituto da representação, coadjuvado, eventualmente, pela figura da gestão de negócios.*

Como regra geral, conceber-se-ia o acordo colectivo atípico como um contrato celebrado pela comissão de trabalhadores enquanto representante dos trabalhadores e que, nos termos gerais do art. 258.º do CC, produziria os seus efeitos na esfera jurídica destes últimos. Como decorre das conclusões que a nossa Lição já viabilizou, apesar de a comissão de trabalhadores ser uma entidade de representação legal dos trabalhadores para certos efeitos, estaríamos aqui perante um caso de representação voluntária, uma vez que a·celebração de acordo colectivo atípico não integra os poderes que a lei confere à comissão de trabalhadores enquanto representante institucional dos interesses dos trabalhadores na empresa.

Ainda por se tratar de um caso de representação voluntária, este negócio, para ser celebrado validamente, teria que passar por um acto formal de reconhecimento dos poderes representativos para este efeito à comissão de trabalhadores, a ter lugar em momento anterior ou posterior ao próprio negócio – por exemplo, através da celebração de um contrato de mandato que conferisse poderes à comissão de trabalhadores para este efeito (art. 1157.º do CC); mas, no caso de a comissão de trabalhadores actuar sem os necessários poderes, poderia considerar-se o acordo celebrado no âmbito de uma gestão de negócios (art. 464.º do CC), que viria a ser aprovada mediante a ratificação posterior pelos donos do negócio (no caso, os trabalhadores).

Do conjunto de soluções apresentadas, esta solução é a que melhor explica a produção de efeitos do acordo colectivo atípico na esfera dos trabalhadores, não só porque as comissões de trabalhadores já são representantes naturais dos trabalhadores para outros efeitos, mas também porque a «legitimação» dos acordos por elas celebrados pode ocorrer através da ratificação formal desses actos pelos próprios destinatários – o que, aliás, vem sucedendo na prática, como vimos em devido tempo.

Contudo, *o recurso ao instituto da representação para explicar globalmente o acordo colectivo atípico não é ainda satisfatório*, por cinco motivos essenciais:

i) Em primeiro lugar, *o instituto da representação não explica que o acordo colectivo atípico se aplique aos trabalhadores que não foram representados pela comissão de trabalhadores na outorga desse mesmo acordo* (por exemplo, porque não eram ainda trabalhadores da empresa ao tempo em que o acordo foi celebrado ou ratificado pelos restantes trabalhadores)[189]. Ora, na prática, os acordos colectivos atípicos têm-se aplicado a estes trabalhadores, e julgamos que bem a não ser que os trabalhadores (novos ou antigos) manifestem de forma expressa que não desejam tal aplicação. Mas não se pode evidentemente ficcionar que tal aplicação assenta numa representação destes trabalhadores pela comissão de trabalhadores, que, pela natureza das coisas, não pôde existir.

ii) Em segundo lugar, *o instituto da representação não se adequa ao facto de, na outorga do acordo colectivo atípico, a comissão de trabalhadores actuar necessariamente em nome próprio* e não em nome dos trabalhadores, como é característico do negócio celebrado pelo representante (nos termos do art. 258.º do CC).
Na verdade, só assim não será em caso de outorga prévia e formal de poderes de representação à comissão de trabalhadores para celebrar o acordo colectivo atípico em nome dos trabalhadores (seja mediante procuração, seja através da celebração de um contrato de mandato). Contudo, não só esta hipótese não tem correspondido à realidade, como, mesmo que assim suceda, a verdade é que a comissão de trabalhadores também tem necessariamente que outorgar o acordo em seu próprio nome, uma vez que só assim pode assumir os direitos e obrigações que decorrem da parcela «obrigacional» desse acordo. Deste modo, não se verifica neste caso o elemento da actuação do representante em nome do representado, que é essencial à figura da representação.

---

[189] Também destacando esta crítica, VACHET, *Les accords atypiques cit.*, 623.

Problemas Dogmáticos da Negociação Colectiva Atípica   131

iii) Em terceiro lugar, já tivemos ocasião de *recusar a produção automática dos efeitos do acordo colectivo atípico na esfera jurídica do trabalhador*, fundando tal recusa na necessidade de não dotar este acordo de uma eficácia superior às convenções colectivas de trabalho, tendo em conta que, ao contrário do que sucede em relação à sua associação sindical, o trabalhador não pode «desvincular-se» da comissão de trabalhadores para deixar de ser por ela representado. Assim, como referimos oportunamente, qualquer trabalhador deve poder recusar a aplicação do acordo colectivo atípico na sua esfera laboral, ao abrigo da sua própria autonomia privada e mesmo que tal acordo tenha sido aceite pela maioria dos seus colegas. Mas, se é assim, tem que se concluir que *a repercussão dos efeitos do acordo colectivo atípico na esfera jurídica dos trabalhadores não é automática, ao contrário do que sucede nos negócios celebrados por representante.* Está pois também ausente o elemento da repercussão automática, típico do instituto da representação, nos termos gerais do art. 258.º do CC.

iv) Por outro lado, *o recurso à figura da gestão de negócios neste contexto corresponde a uma solução artificial, porque a situação em análise não se compadece com a índole de instrumento de emergência que assiste à figura da gestão de negócios* – ou seja, ao facto de se tratar de um expediente jurídico de recurso, para fazer face a necessidades urgentes da gestão dos assuntos de alguém que não pode, por si próprio, fazê-lo[190]. O carácter habitual e recorrente dos acordos colectivos atípicos, que se observou no nosso *case study* não se compadece com esta figura, claramente vocacionada para acorrer a situações de recurso ou de urgência.

---

[190] No direito português, a configuração da gestão de negócios como um instrumento de recurso urgente para prover à satisfação de necessidades alheias é bem patente nos deveres de aviso e de prestação de contas do gestor perante o dono do negócio, bem como na regra da responsabilidade do gestor para com o dono do negócio (arts. 465.º e 466.º do CC). É esta índole geral da figura da gestão de negócios que não está presente nos acordos colectivos atípicos.

132　　　*Negociação Colectiva Atípica*

v) Por fim, compete referir que *esta construção dogmática do acordo colectivo atípico peca também pelo seu carácter parcelar, uma vez que deixa na sombra o conteúdo «obrigacional» deste negócio* – i.e., o conjunto de direitos e obrigações que as partes outorgantes assumem uma perante a outra.

Perante os argumentos expostos, a conclusão só pode ser uma: mesmo que o instituto da representação (na modalidade da representação voluntária) seja o que, ainda assim, melhor explica a produção de efeitos do acordo colectivo atípico na esfera dos trabalhadores, a solução da recondução deste acordo à categoria do contrato obrigacional celebrado por representante ou ao abrigo de um mandato, com ou sem representação, e, eventualmente coadjuvado pela gestão de negócios, não é apta a explicar globalmente a figura que aqui nos ocupa.

11.2.3. Posição adoptada: o acordo colectivo atípico como contrato *sui generis* com natureza normativa; I. As premissas da construção; II. A justificação da qualificação do acordo colectivo atípico como um contrato normativo

I. Chegados a este ponto, cabe apresentar o nosso próprio entendimento sobre o problema da natureza jurídica do acordo colectivo atípico. *A nosso ver, o acordo colectivo atípico apresenta uma estrutura complexa que o torna irredutível a qualquer uma das categorias negociais referidas no ponto anterior, a não ser através de uma simplificação artificial.* Cabe, por isso, ensaiar outros caminhos na reconstrução dogmática desta figura.

A reconstrução dogmática do acordo colectivo atípico deve assentar em duas premissas fundamentais, que já foram viabilizadas pela análise anterior e que, por isso, nos limitamos a enunciar:

i) *A premissa do carácter negocial do acordo colectivo atípico*, que decorre do facto de este acordo manifestar a liberdade contratual das partes outorgantes na auto-regulação de inte-

Problemas Dogmáticos da Negociação Colectiva Atípica   133

resses privados – neste caso, evidencia-se a autonomia colectiva, quanto valência tipicamente laboral do princípio da autonomia privada. Assim sendo, é enquanto negócio jurídico (ou, mais rigorosamente, enquanto contrato) que o acordo colectivo atípico deve ser explicado.

ii) *A premissa do conteúdo amplo e dual do acordo colectivo atípico*, que se evidencia no facto de este negócio não se limitar a estabelecer um conjunto de direitos e obrigações para os respectivos outorgantes, mas determinar também um conjunto de regras gerais e abstractas a aplicar aos trabalhadores. A reconstrução dogmática desta figura deve valorizar a riqueza do seu conteúdo e não proceder a simplificações artificiais.

II. Tendo em conta estas premissas, julgamos que o acordo colectivo atípico deve ser qualificado como um contrato *sui generis* dotado de eficácia normativa, ou, na designação mais simples, como um «contrato normativo».

Como é sabido, a expressão «contrato normativo» foi utilizada entre nós por GALVÃO TELLES[191], na esteira de alguma doutrina italiana e germânica[192], para enquadrar dogmaticamente a figura da convenção colectiva de trabalho, valorizando, assim, a um tempo, a configuração negocial deste instrumento e, por outro lado, o facto de ele ser também fonte de regras laborais. O pressuposto metodológico geral desta construção é, obviamente, o reconhecimento da compatibilidade entre as categorias do contrato e da norma, admitindo-se que possam resultar regras gerais e abstractas de um acto privado de auto-regulação de interesses[193].

Independentemente da aptidão explicativa desta construção em relação à convenção colectiva de trabalho – que não cabe aqui apreciar – ela parece-nos particularmente adequada à figura do acordo

---

[191] *Manual dos Contratos em Geral cit.*, 57 e 61 ss.

[192] Neste sentido, por exemplo, BARASSI, *Diritto sindacale e corporativo cit.*, 416 e 420, embora no contexto do corporativismo italiano; mas também, e fora deste contexto ideológico, E. BETTI, *Autonomia privata*, NovissDI, I, (tomo II), 1559-1561 (1560), e ainda NIPPERDEY / MOHNEN / NEUMANN, *Der Dienstvertrag cit.*, 1227.

[193] Na sua aplicação deste entendimento à figura da convenção colectiva de trabalho, GALVÃO TELLES, *Manual dos Contratos em Geral cit.*, 62 ss., estabelece uma distinção clara

colectivo atípico, porque salienta simultaneamente a essência negocial deste acordo e o facto de ele constituir também a fonte de regras jurídicas, dotadas de generalidade e abstracção e destinadas a sujeitos que não são os outorgantes deste negócio.

Em suma, ao contrário das outras hipóteses de construção dogmática da figura do acordo colectivo atípico que apreciámos até aqui, *esta construção permite abarcar a riqueza e a duplicidade do conteúdo do acordo colectivo atípico, valorizando-o quer na sua componente normativa quer na sua componente obrigacional e explicando os diversos traços do seu regime (que fomos apreciando ao longo da Lição) que decorrem dessas duas componentes.* Assim:

i) A valorização da componente negocial do acordo colectivo atípico explica o seu modo de surgimento, a actuação das partes (e, designadamente, da comissão de trabalhadores) em nome próprio na outorga deste instrumento, os direitos e deveres das partes outorgantes e, em geral, a sujeição da figura ao regime do negócio jurídico.

ii) Por seu turno, a valorização da componente normativa do acordo colectivo atípico explica a parcela do seu conteúdo na qual se estabelece o regime a aplicar aos trabalhadores do universo a que se destina, explica a aplicação deste instrumento mesmo a trabalhadores que não foram representados pela comissão de trabalhadores na outorga deste instrumento (ou seja, ultrapassando os limites do instituto da representação na sua aplicação neste contexto); e explica obviamente a recondução da figura à categoria de fonte laboral (embora apenas em sentido material) e, por força dessa qualificação, a sujeição deste instrumento às regras já explicitadas em matéria de relação entre fontes laborais de diferentes categorias e, enquanto fonte, as regras que devem orientar a relação entre este instrumento e o contrato de trabalho.

---

entre o *acto criador da norma* (que é, no caso da convenção colectiva de trabalho, um contrato, porque corresponde a um acordo que produz efeitos jurídicos) e a própria *norma que decorre daquele acto criador* (e que, no caso da convenção colectiva de trabalho, é o conjunto de comandos gerais e abstractos que constituem o conteúdo regulativo da convenção). É da conjugação do acto criador da norma com a norma emanada desse mesmo acto que surge a categoria do *contrato normativo*.

Apresentado o nosso entendimento, justifica-se ainda uma nota complementar para salientar que *a construção que sustentamos se assume ainda como uma construção eminentemente negocial da figura do acordo colectivo atípico*[194], que mais não seja porque a aplicação da parcela «normativa» do acordo colectivo atípico no universo dos trabalhadores a que se dirige não é automática, mas depende antes de uma manifestação de vontade dos trabalhadores nesse sentido, seja através da ratificação do acordo colectivo atípico, seja, ao menos pela ausência de oposição ao mesmo, ou ainda, quando se trate de novos trabalhadores, pela adesão expressa ou tácita ao regime do acordo colectivo atípico em momento posterior.

Em suma, na riqueza e singularidade do seu conteúdo, a nova figura do acordo colectivo atípico revela a pujança, a vitalidade e a elasticidade da «velha» categoria do contrato, também no âmbito do Direito do Trabalho. Se a categoria geral do contrato constituiu, nos primórdios do surgimento da negociação colectiva, há cento e cinquenta anos, o primeiro recurso para enquadrar juridicamente as convenções colectivas de trabalho, a verdade é que hoje, quando novas práticas de negociação colectiva se vêm desenvolvendo à margem da lei laboral, a figura do contrato, expoente máximo da autonomia privada, mostra ainda ter latitude suficiente para enquadrar estas novas realidades do Direito do Trabalho no século XXI. É o que, a nosso ver, sucede com a figura do acordo colectivo atípico, que escolhemos como objecto da nossa Lição.

---

[194] E que, diga-se, não tem o mesmo valor na aplicação desta teoria à figura da convenção colectiva de trabalho, porque, verificadas certas condições, os respectivos preceitos podem ser aplicados mesmo a trabalhadores que não quiseram vir a ser por ela abrangidos – por exemplo, aqueles trabalhadores que se desvinculam da associação sindical outorgante da convenção já depois do início da negociação colectiva ou os trabalhadores não filiados no sindicato outorgante da convenção, quando a eficácia normativa desta seja estendida através de uma portaria de extensão. Contudo, estas objecções, que se poderiam levantar em relação à aplicação da ideia do contrato normativo à convenção colectiva de trabalho, não ocorrem na aplicação desta figura ao acordo colectivo atípico, nos termos em que a propomos.

§ 4.º
Conclusões Gerais

Já tendo enunciado as conclusões que os diversos passos da nossa Lição foram viabilizando, cabe apenas realçar alguns aspectos mais importantes para a compreensão e construção dogmática da figura do acordo colectivo atípico.

Nesta linha, limitamo-nos a destacar sete ideias fundamentais:

1. A primeira ideia tem a ver com a delimitação da negociação colectiva atípica e do acordo colectivo atípico, que assenta nos seguintes elementos essenciais: a negociação colectiva atípica é um processo negocial em sentido próprio, na medida em que traduz uma composição de interesses opostos das partes e culmina num acordo, que é o produto da vontade das partes outorgantes; o acordo que emerge desta negociação é um acordo laboral, uma vez que é outorgado por entes laborais e versa sobre matérias laborais; este acordo corresponde a um acordo colectivo em sentido material, porque, para além de instituir direitos e deveres para as partes, institui um regime global para os vínculos de trabalho abrangidos; por fim a negociação colectiva atípica é liderada por representantes dos trabalhadores, que não são associações sindicais e sim comissões de trabalhadores, nisso residindo, no quadro jurídico português, o seu principal traço de atipicidade.

2. A segunda ideia é a da impossibilidade de recondução dos acordos colectivos atípicos a um instrumento de regulamentação colectiva do trabalho em sentido próprio, por força do princípio do monopólio sindical da contratação colectiva, imposto pela nossa Constituição.

3. A terceira ideia é a da admissibilidade da negociação colectiva atípica e dos acordos colectivos atípicos à face do sistema jurídico nacional de contratação colectiva como manifestação diferenciada do princípio laboral geral da autonomia colectiva (que não se esgota no direito de contratação colectiva em sentido estrito). Tal manifestação da autonomia colectiva é compatível com a reserva sindical do direito de contratação colectiva, tendo as comissões de trabalhadores capacidade jurídica para outorgar estes instrumentos.

4. O nexo de representação entre a comissão de trabalhadores e os trabalhadores da empresa não é apto a explicar a produção dos efeitos do acordo colectivo atípico na esfera jurídica dos trabalhadores. Tal aplicação só pode ser justificada com recurso ao instituto da representação voluntária, com adaptações e sendo sempre viável ao trabalhador obstar à aplicação na sua esfera jurídica do acordo colectivo atípico.

5. Na relação entre o acordo colectivo atípico e as fontes deve aplicar-se, no confronto com as normas legais a regra do art. 3.º n.º 4 do CT, e no confronto com os instrumentos de regulamentação colectiva do trabalho, a regra do 476.º do CT. Em ambos os casos trata-se de uma aplicação por analogia, justificada na essência eminentemente negocial do acordo.

6. O acordo colectivo atípico é uma fonte laboral em sentido material, porque contém um conjunto de regras gerais e abstractas.

7. Enquanto contrato, o acordo colectivo atípico integra a categoria dos contratos normativos, uma vez que tem uma formação e uma índole eminentemente negociais mas também institui regras gerais e abstractas. Esta dupla natureza «negocial» e «normativa» explica os diversos traços do seu regime. Assim, a valorização da componente negocial do acordo colectivo atípico explica o seu modo de surgimento, a actuação da comissão de trabalhadores em nome próprio na outorga deste instrumento, os direitos e deveres das partes outorgantes e, em geral, a sujeição da figura ao regime do negócio jurídico.

Por seu turno, a valorização da componente normativa do acordo colectivo atípico explica a parcela do seu conteúdo em que se estabelece o regime a aplicar aos trabalhadores do universo a que se destina, explica a aplicabilidade do acordo a trabalhadores que não foram representados pela comissão de trabalhadores na outorga deste instrumento (ultrapassando os limites do instituto da representação neste contexto) e explica a recondução do acordo à categoria de fonte laboral em sentido material com a inerente sujeição deste instrumento às regras explicitadas em matéria de relação entre fontes laborais de diferentes categorias.

BIBLIOGRAFIA

ABRANTES, José João Nunes – *O Anteprojecto de Código do Trabalho, in Código do Trabalho, III – Pareceres* (ed. do Ministério da Segurança Social e do Trabalho), Lisboa, 2004, 227-270

ABRANTES, José João Nunes – *A Autonomia do Direito do trabalho, a Constituição laboral e o artigo 4.º do Código do Trabalho, in Estudos de Direito do Trabalho em Homenagem ao Professor Manuel Alonso Olea*, Coimbra, 2004, 409-431

ABRANTES, José João Nunes – *A Constituição e o artigo 4.º do Código do Trabalho, in Estudos em Memória do Professor Doutor A. Marques dos Santos*, II, Coimbra, 2005, 231-240

ALBUQUERQUE, Martim de – *História das Instituições. Relatório sobre o programa, conteúdos e métodos de ensino (Relatório do concurso para Professor Catedrático)*, RFDUL, 1984, XXV, 101-192

ALBUQUERQUE, Ruy de – *História do Direito Português. Relatório*, RFDUL, 1985, XXVI, 105-256

AMADO, João Leal – *Tratamento mais favorável e artigo 4.º/1 do Código do Trabalho: o fim de um princípio, in Temas Laborais* I, 11-22

ASCENSÃO, José de Oliveira – *Teoria Geral do Direito Civil, I (Introdução. As Pessoas. Os Bens)*, Coimbra, 1997

ASCENSÃO, José de Oliveira – *O Direito. Introdução e Teoria Geral, 13.ª ed.*, Coimbra, 2005

AVILÉS, Antonio Ojeda – *The Evolving Structure of Collective Bargaining in Europe 1990 – 2004. Research Project Research Project Co-financed by the European Commission and the University of Florence (VS/2003/0219-SI2.359910), National Report Spain*, Firenze, 2005 (http://prints.unifi.it/archive/00001174/)

BALLESTRERO, Maria Vittoria – *La négociation d'entreprise. L'expérience italienne*, DS, 1990, 7/8, 653-660

BARASSI, Lodovico – *Diritto sindacale e corporativo, 2.ª ed.*, Milano, 1934

BARTHÉLEMY, Jacques – *La négociation collective, outil de la gestion de l'entreprise*, DS, 1990, 7/8, 580-583

BARTHÉLÉMY, Jacques / CETTE, Gilbert – *Réformer et simplifier le droit du travail via un rôle accru du droit conventionnel*, DS, 2006, 1, 24-36

BETTI, Emilio – *Autonomia privata*, NovissDI, I, (tomo II), 1559-1561

BIAGI, Marco – *Le tendenze del diritto del lavoro nell'Ocidente – Presentazione*, Lav.Dir., 1987, 1, 97-107

BLANC-JOUVAN, Xavier – *La négociation collective d'entreprise: l'expérience des États-Unis*, DS, 1990, 7/8, 638-646

142 Negociação Colectiva Atípica

Boletim Estatístico do Ministério do Trabalho e da Solidariedade Social (Fevereiro de 2009), in www.dgeep.mtss.gov.pt

BORENFREUND, Georges / SOURIAC, Marie-Armelle – *Les rapports de la loi et de la convention collective: une mise en perspective*, DS, 2003, 1, 72-86

BÖTTICHER, Eduard – *Gestaltungsmacht und Unterwerfung im Privatrecht*, Berlin, 1964

BÖTTICHER, Eduard – *Arbeitsrecht: Bemerkungen zu einigen Grundprinzipien*, ZfA, 1978, 621-644

BUCHNER, Herbert – *Tarifverträge im Wettbewerb?*, ZfA, 2004, 2, 229-252

CAETANO, Marcello – *O Sistema Corporativo*, Lisboa, 1938

CAETANO, Marcello – *Manual de Direito Administrativo*, I, 10.ª ed. (*reprint*), Coimbra, 1980

CAMPOS, Diogo Leite – *Contrato a favor de terceiro*, Coimbra, *reprint*, 2009

CANARIS, Claus Wilhelm – *Tarifdispositive Normen und richterliche Rechtsfortbildung*, in G. HUECK / R. RICHARDI (Hrsg.), *Gedächtnisschrift für Rolf DIETZ*, München, 1973, 199-224

CANOTILHO, Joaquim Gomes / MOREIRA, Vital – *Constituição da República Portuguesa Anotada*, 3.ª ed., Coimbra, 1993

CARNELUTTI, Francesco – *Teoria del regolamento colletivo dei rapportti di lavoro*, Padova, 1930

CARUSO, Bruno / ZAPPALÀ Loredana – *The Evolving Structure of Collective Bargaining in Europe 1990 – 2004. Research Project Research Project Co-financed by the European Commission and the University of Florence (VS/2003/0219-SI2.359910), National Report Italy*, Firenze, 2005 (http://prints.unifi.it/archive/00001174/)

CHAUCHARD, Jean-Pierre – *Les accords de fin de conflit*, DS, 1982, 11, 678-679

Código do Trabalho, I – Anteprojecto (ed. do Ministério da Segurança Social e do Trabalho), Lisboa, 2004

Código do Trabalho, II – Proposta de Lei n.º 29/IX (ed. do Ministério da Segurança Social e do Trabalho), Lisboa, 2004

COMBREXELLE, Jean-Denis – *Loi du 4 mai 2004:quel bilan? Quelles perspectives?*, DS, 2008, 1, 20-23

CORDEIRO, António da Rocha Menezes – *Manual de Direito do Trabalho*, Coimbra, 1991

CORDEIRO, António da Rocha Menezes – *Convenções Colectivas de Trabalho e Alterações de Circunstâncias*, Lisboa, 1995

CORDEIRO, António da Rocha Menezes – *Inovações e Aspectos Constitucionais sobre o Anteprojecto de Código do Trabalho – Parecer*, in *Código do Trabalho, III – Pareceres* (ed. do Ministério da Segurança Social e do Trabalho), Lisboa, 2004, 6-96

CORDEIRO, António da Rocha Menezes – *Tratado de Direito Civil, Parte Geral, tomo I (Introdução. Doutrina Geral. Negócio Jurídico)*, 3.ª ed., Coimbra, 2005, *tomo III (Pessoas)*, 2.ª ed., Coimbra, 2007, e tomo IV, Coimbra, 2005

DÄUBLER, Wolfgang – *Una riforma del diritto del lavoro tedesco? – prime osservazioni sul Beschäftigungsforderungsgesetz 26 Aprile 1985*, RIDL, 1985, 528-546

DAVIES, Paul – *Le tendenze del diritto del lavoro nell'Ocidente – Intervento*, Lav.Dir., 1987, 1, 108-124

DELL'OLIO, Matteo – *L'organizzazione e l'azione sindacale in generale*, in M. DELL'OLIO / G. BRANCA, *L'organizzazione e l'azione sindacale*, Padova, 1980, 3-349

DESPAX, Michel – *La mesure de l'application de la loi sur les conventions collectives à la négociation d'entreprise: les accords en marge de la loi*, DS, 1982, 11, 672-674

Bibliografia

DESPAX, Michel – *La place de la convention d'entreprise dans le système conventionnel*, DS, 1988, 1, 8-16

DIETERICH, Thomas / HANAU, Peter / HENSSLER, Martin / OETKER, Hartmut / WANK, Rolf / WIEDEMANN, Herbert – *Empfehlung zur Entwicklung des Tarifvertragsrecht*, RdA, 2004, 2, 65-78

FASTRICH, Lorenz – *Betriebsvereinbarung und Privatautonomie*, RdA, 1994, 3, 129-140

FENN, Herbert – *Die Grundsatz der Tarifeinheit, in* M. HEINZE / A. SÖLLNER (Hrsg.), *Arbeitsrecht in der Bewährung, Fest. für Otto Rufolf KISSEL*, München, 1994, 213-237

FERNANDES, António de Lemos Monteiro – *Direito do Trabalho*, 13.ª ed., Coimbra, 2006

FERRARI, Francisco de – *La natura giuridica del contratto collettivo di lavoro*, Riv.DL, 1952, 309-330

FREYRIA, Charles – *Les accords d'entreprise atypiques – jurisprudence commentée*, DS, 1988, 6, 464-467

FUCHS, Maximilian – *The Evolving Structure of Collective Bargaining in Europe 1990 – 2004. Research Project Research Project Co-financed by the European Commission and the University of Florence (VS/2003/0219-SI2.359910), National Report Germany*, Firenze, 2005 (http://prints.unifi.it/archive/00001174/)

GIUGNI, Gino – *Lavoro, legge, contratti*, Bologna, 1989

GOFF, Jacques Le – *La naissance des conventions collectives*, Droits, 1990, 12, 67-79

GOMES, Júlio – *The Evolving Structure of Collective Bargaining in Europe 1990 – 2004. Research Project Research Project Co-financed by the European Commission and the University of Florence (VS/2003/0219-SI2.359910), National Report Portugal*, Firenze, 2005 (http://prints.unifi.it/archive/00001174/)

GOMES, Júlio – *Direito do Trabalho, I – Relações Individuais de Trabalho*, Coimbra, 2007

GONÇALVES, Luiz da Cunha – *A Evolução do Movimento Operário*, Lisboa, 1905

GOUVEIA, Jorge Bacelar – *O Anteprojecto de Código do Trabalho e a Constituição Portuguesa, in Código do Trabalho III – Pareceres* (ed. do Ministério da Segurança Social e do Trabalho), Lisboa, 2004, 97-225

GRANDI, Mario – *Rapporti tra contratti collettivi di diverso livello. in Rapporti tra contratti collettivi di diverso livello. Atti delle giornate di Studio di Arezzo 15-16 Maggio 1981*, Milano, 1982, 7-59

HANAU, Peter – *Rechtswirkungen der Betriebsvereinbarungen*, RdA, 1989, 5/5, 207-211

HEINZE, Meinhard – *Gibt es eine Alternative zur Tarifautonomie?*, DB, 1996, 14, 729-735

HEINZE, Meinhard – *Wege aus der Krise des Arbeitsrecht – Der Beitrag der Wissenschaft*, NZA, 1997, 1, 1-9

HERRMANN, Elke – *Kollektivautonomie contra Privatautonomie: Arbeitsvertrag, Betriebsvereinbarung und Mitbestimmung*, NZA, 2000, 3, 14-23

HERSCHEL, Wilhelm – *Zur rechtsnatur der Allgemeinverbindlicherklärung von Tarifverträgen, in* K. JANTZ / H. NEUMAN-DUESBERG / D. SCHEWE (Hrsg.), *Sozialreform und Sozialrecht – Beiträge zum Arbeits- und Sozialversicherungsrecht und zur Sozialpolitik, Fest. für WALTER BOGS*, Berlin, 1959, 125-137

HERSCHEL, Wilhelm – *Vom Arbeiterschutz zum Arbeitsrecht, in Hundert Jahre Deutsches Rechtsleben, Fest. zum Hundertjährigen Bestehen des Deutsches Juristentages, 1860-1960*, I, Karlsruhe, 1960, 305-315

HRODMAKA, Wolfgang – *Arbeitsordnung und Arbeitsverfassung*, ZfA, 1979, 203-218

JACOBI, Erwin – *Grundlehren des Arbeitsrecht*, Leipzig, 1927

JAVILLIER, Jean-Claude – *La partie «obligatoire» de la convention collective*, DS, 1971, 4, 258-276

JAVILLIER, Jean-Claude – *Le contenu des accords d'entreprise*, DS, 1982, 11, 691-704

JEAMMAUD, Antoine – *Les principes dans le droit français du travail*, DS, 1982, 9/10, 618-629

JEAMMAUD, Antoine / FRIANT, Martine Le – *Contratto di lavoro, figure intermedie e lavoro autonomo nell'ordinamento francese*, in M. PEDRAZZOLI (dir.), *Lavoro subordinato e dintorni – comparazioni e prospettive*, Bologna, 1989, 255-273

KASKEL, Walter / DERSCH, Hermann – *Arbeitsrecht*, 5.ª ed., Berlin – Göttingen – Heidelberg, 1957

KONZEN, Horst – *Privatrechtssystem und Betriebsverfassung*, in D. BICKEL / W. HADDING / V. JANKE / G. LÜKE, *Recht und Rechterkenntnis. Fest. für Erns WOLF*, Köln – Berlin – Bonn – München, 1985, 279-307

LANGLOIS, Philippe – *Droit civil et contrat collectif de travail*, DS, 1988, 5, 395-400

LEITÃO, Luís Manuel Teles de Menezes – *Direito do Trabalho*, Coimbra, 2008

LEITE, Jorge – *Direito do Trabalho*, I, Coimbra, 1998 (*reprint* 2001)

LEITE, Jorge – *Código do Trabalho – algumas questões de (in)constitucionalidade*, QL, 2003, 22, 245-278

LIMA, Adolpho – *O Contrato de Trabalho*, Lisboa, 1909

Livro Verde sobre as Relações Laborais (ed. do Ministério do Trabalho e da Solidariedade Social), Lisboa, 2006

LÓPEZ, Federico Durán / LARA, Carmen Sáez – *Autonomia colectiva y autonomia individual en la fijación y modificación de las condiciones de trabajo*, Rel.Lab., 1990, 382-401

LOTMAR, Philipp – *Die Tarifverträge zwischen Arbeitgebern und Arbeitnehmer*, in Joachim RÜCKERT (Hrsg.), *Philipp Lotmar Shriften zu Arbeitsrecht, Zivilrecht und Recthsphilosophie*, Frankfurt am M., 1992, 431-554

LYON-CAEN, Gérard – *Anomie, autonomie et heteronomie en droit du travail*, in *Études en Hommage à Paul Horion*, Liège, 1972, 173-178

LYON-CAEN, Gérard – *Négociation collective et législation d'ordre public*, DS, 1973, 2, 89-101

LYON-CAEN, Gérard – *Les principes généraux du droit du travail*, in *Tendances du droit du travail français contemporain. Études offertes à G. H. CAMERLYNCK*, Paris, 1978, 35-45

LYON-CAEN, Gérard – *Unité de négociation et capacité de negocier*, DS, 1982, 11, 687-690

LYON-CAEN, Gérard – *La bataille truquée de la flexibilité*, DS, 1985, 12, 801-810 (807)

LYON-CAEN, Gérard – *Le droit du travail. Une technique réversible*, Paris, 1995

MAGREZ-SONG, G. – *Le droit conventionnel du travail*, in AA/VV, *Liber Amicorum Frédéric Dumon*, I, Antwerpen, 1983, 597-611

MARTINEZ, Pedro Romano – *Direito do Trabalho*, 4.ª ed., Coimbra, 2007

MARTINEZ, Pedro Romano / MONTEIRO, Luís Miguel / VASCONCELOS, Joana / VILALONGA, José Manuel / BRITO, Pedro Madeira de / DRAY, Guilherme / SILVA, Luís Gonçalves da – *Código do Trabalho Anotado*, 6.ª ed., 2008

MARTINEZ, Pedro Soares – *Manual de Direito Corporativo*, 2.ª ed., Lisboa, 1967

MAYER-MALY, Theo – *Zur Rechtsnatur des Tarifvertrages*, RdA, 1955, 12, 464-465

MAZZONI, Giuliano – *Contiene il diritto del lavoro principi generali propri?*, in *Scritti giuridici in onore della CEDAM nel cinquantenario della sua fondazione*, Padova, 1953, 525-533

Bibliografia

MELGAR, Alfredo Montoya – *Stato e autonomia collectiva nell'ordinamento spagnolo*, RIDL, 1990, I, 264-284

MENGEL, Horst – *Tarifautonomie und Tarifpolitik, in* D. BOEWER / B. GAUL (Hrsg.), *Fest. Dieter GAUL*, Berlin, 1992, 407-427

MOREAU, Marie-Ange – *The Evolving Structure of Collective Bargaining in Europe 1990 – 2004. Research Project Research Project Co-financed by the European Commission and the University of Florence (VS/2003/0219-SI2.359910), National Report France,* Firenze, 2005 (http://prints.unifi.it/archive/00001174/)

MORIN, Marie-Laure – *La loi et la négociation collective : concurrence ou complémentarité,* DS, 1998, 5, 419-429

MORIN, Marie-Laure – *Le dualisme de la négociation collective à l'épreuve des reformes: validité et loyauté de la négociation, application et interprétation de l'accord,* DS, 2008, 1, 24-33

MOURA, José Barros – *A Convenção Colectiva entre as Fontes de Direito do Trabalho,* Coimbra, 1984

NEUMANN, Dirk – *Tarif- und Betriebsautonomie,* RdA, 1990, 5, 257-261

NIKISCH, Arthur – *Individualismus und Kollektivismus im heutigen Arbeitsrecht,* Rda, 1953, 3, 81-85

NIPPERDEY, Hans C. / MOHNEN, Heinz / NEUMANN, Dirk – *Der Dienstvertrag,* Berlin, 1958

OLLIER, Pierre – *L'accord d'entreprise dans ses rapports avec les autres sources de droit dans l'entreprise,* DS, 1982, 11, 680-686

OTERO, Paulo – *O Anteprojecto de Código do Trabalho, in Código do Trabalho, III – Pareceres* (ed. do Ministério da Segurança Social e do Trabalho), Lisboa, 2004, 271-329

Pareceres da Comissão Constitucional, VI, Lisboa, 1979

PINTO, Mário – *Liberdade e Organização Sindical* (copiogr., UCP), Lisboa, s.d

PINTO, Mário – *Direito do Trabalho – Introdução. Relações Colectivas de Trabalho,* Lisboa, 1996

POTHOFF, Heinz – *Die Einwirkung der Reichsverfassung auf das Arbeitsrecht, in Thilo RAMM (Hrsg.), Arbeitsrecht und Politik. Quellentexte (1918-1933),* Luchterland, 1966, 1-77

PREIS, Ulrich – *Perspektiven der Arbeitsrechtswissenschaft,* RdA, 1955, 6, 333-343

QUENAUDON, Renée de – *Des protocoles de fin de conflit dans le secteur privé,* DS, 1981, 5, 401-411

RAMALHO, Maria do Rosário Palma – *Da Autonomia Dogmática do Direito do Trabalho,* Coimbra, 2001

RAMALHO, Maria do Rosário Palma – *Perspectivas Metodológicas do Direito do Trabalho. Relatório,* Coimbra, 2005

RAMALHO, Maria do Rosário Palma – *Direito do Trabalho, Parte I – Dogmática Geral,* Coimbra, 2005, e *Parte II – Situações Laborais Individuais,* 2.ª ed., Coimbra, 2008

RAMALHO, Maria do Rosário Palma – *Grupos Empresariais e Societários. Incidências Laborais,* Coimbra, 2008

RAMALHO, Maria do Rosário Palma – *Direito Social da União Europeia. Relatório,* Coimbra, 2009

RAMM, Thilo – *Die Parteien des Tarifvertrages. Kritik und Neubegründung der Lehre vom Tarifvertrag,* Stuttgart, 1961

RAY, Jean-Emmanuel – *Mutation économique et droit du travail, in Les transformations du droit du travail. Études offertes à G.* LYON-CAEN, Paris, 1989, 11-31

RAY, Jean-Emmanuel – *Quel droit pour la négociation collective de demain?*, DS, 2008, 3-15

REIS, João – *A caducidade e a uniformização das convenções colectivas, a arbitragem obrigatória e a Constituição,* QL, 2003, 22, 155-211

RICHARDI, Reinhard – *Kolletivgewalt und Individualwille bei der Gestaltung des Arbeitsverhältnisses,* München, 1968

RICHARDI, Reinhard – *Eingriff in eine Arbeitsvertragsregelung durch Betriebsvereinbarung,* RdA, 1983, 4, 201-217

RICHARDI, Reinhard – *Arbeitsvertrag und Tarifgeltung,* ZfA, 2003, 4, 655-689

RIEBLE, Volker – *Der Tarifvertrag als kollektiv-privatautonomer Vertrag,* ZfA, 2000, 1, 5-27

RIEBLE, Volker – *Die Akteure im kollektiven Arbeitsrecht,* RdA, 2004, 2, 78-86

RODRIGUEZ-PIÑERO, Miguel – *La flessibilità e il diritto del lavoro spagnolo, in* M. D'ANTONA (dir.), *Politiche di flessibilità e Mutamenti del Dirittio del lavoro. Itália e Spagna,* Napoli, 1990, 205-227

RÜTHERS, Bernd – *Arbeitsrecht und Ideologie, in* Hans G. LESER (Hrsg.), *Arbeitsrecht und Zivilrecht in Entwicklung, Fest. Hyung BAE-KIM,* Berlin, 1995, 103-124

RÜTHERS, Bernd – *35 Jahre Arbeitsrecht in Deutschland,* RdA, 1995, 6, 326-333

SANSEVERINO, Luisa Riva – *Contratto colletivo di lavoro,* Enc.Dir., X (1962), 55-77 (56)

SANTORO-PASSARELLI, Francesco – *Lineamenti attuali del diritto del lavoro in Italia,* DLav., 1953, 3-12

SANTORO-PASSARELLI, Francesco – *Specialità del diritto del lavoro, in Studi in Memoria de Túlio* ASCARELLI, IV, Milano, 1969, 1975-1994

SANTORO-PASSSARELLI, Francesco – *Autonomia – autonomia colletiva,* Enc. Dir., IV, 369-372

SANTORO-PASSARELLI, Francesco – Autonomia colletiva, giuridizione, diritto di sciopero, in Studi giuridici in onore di Francesco CARNELUTTI, IV, Padova, 1950, 438-460

SANTORO-PASSARELLI, Francesco – *Autonomia colletiva e libertà sindacale,* RIDL, 1985, I, 137-141

SAVATIER, Jean – *Accords d'entreprise atypiques,* DS, 1985, 3, 188-193

SAVATIER, Jean – *Les accords collectifs d'intéressement et de participation,* DS, 1988, 1, 89-98

SCIARRA, Silvana – *The Evolving Structure of Collective Bargaining in Europe 1990 – 2004. Research Project Research Project Co-financed by the European Commission and the University of Florence (VS/2003/0219-SI2.359910), Draft General Report,* Firenze, 2005 (http://prints.unifi.it/archive/00001174/)

SCELLE, Georges – *Le Droit ouvrier – Tableau de la législation française actuelle,* 2.ª ed., Paris, 1929

SCHOLZ, Rupert – *Rechtsfragen zur verweisung zwischen Gesetz und Tarifvertrag, in* T. MAYER-MALY / R. RICHARDI / H. SCHAMBECK / W. ZÖLLNER, *Arbeitsleben und Rechtspflege, Fest. für Gerhard MÜLLER,* Berlin, 1981, 509-536

SCHWERDTNER, Peter – *Das Tarifdispositive Richterrecht als Methodenproblem, in Arbeitsrecht und juristische Methodenlehre,* Neuwied – Darmstadt, 1980, 109-130

SIEBERT, Wolfgang – *Kollektivnorm und Individualrecht im Arbeitstverhältnis, in* R. DIETZ / A. HUECK / R. REINHARDT (Hrsg.), *Fest. für H. C. NIPPERDEY,* München – Berlin, 1955, 119-145

Bibliografia

SIEBERT, Wolfgang – *Einige Grundgedanken des gegenwärtigen Arbeitsrecht*, RdA, 1956, 1, 13-17

SINZHEIMER, Hugo – *Der korporative Arbeitsnormenvertrag*, I, II, Leipzig, 1907, 1908

SINZHEIMER, Hugo – *Ein Arbeitstarifgesetz. Die Idee der sozialen Selbstbestimmung im Recht*, Berlin, 1916

SINZHEIMER, Hugo – *Grundzüge des Arbeitsrecht*, 2.ª ed., Jena, 1927

SOUSA, José Ferreira Marnoco e – *Ciência Económica. Prelecções feitas ao Curso do Segundo Ano Jurídico do Ano de 1909-1910 (1910)* (dir. de ed. de M. F. SILVA BRANDÃO), Lisboa, 1997

SUMMERS, Clyde W. – *Le tendenze del diritto del lavoro nell'Ocidente* – Intervento, Lav.Dir., 1987, 1, 138-148

SUPIOT, Alain – *Déréglementation des relations de travail et autoréglementation de l'entreprise*, DS, 1989, 3, 195-205

SUPIOT, Alain – *Au-delà de l'emploi. Transformations du travail et devenir du droit du travail en Europe – Rapport pour la Commission des Communautés Europeénnes avec la collaboration de l'Université Carlos III de Madrid*, Paris, 1999

TELLES, Inocêncio Galvão – *Introdução ao Estudo do Direito*, I, 11.ª ed., Coimbra, 1999

TELLES, Inocêncio Galvão – *Manual dos Contratos em Geral*, 4.ª ed., Coimbra, 2002

TEYSSIÉ, Bernard – *À propos de la négociation collective d'entreprise*, DS, 1990, 7/8, 577-579

TOMANDL, Theodor – *Die Ambivalenz des kollektiven Arbeitsrechts, in* B. RÜTHERS / T. TOMANDL, *Aktuelle Fragen des Arbeitsrechts*, Paderborn, 1972, 23-46

TOSI, Paolo – *Le nuove tendenze del diritto del lavoro nel terziario*, DLRI, 1991, 4, 613-632

TREU, Tiziano – *Labour flexibility in Europe*, ILR, 1992, 4/5, 497-512

VACHET, Gérard – *Les accords atypiques*, DS, 1990, 7/8, 620-625

VASCONCELOS, Pedro Pais de – *Teoria Geral do Direito Civil*, 5.ª ed., Coimbra, 2008

VATINET, Raymonde – *La négociation au sein du comité d'entreprise*, DS, 1982, 11, 675-677

VERDIER, Jean-Maurice / LANGLOIS, Philippe – *Aux confins de la théorie des sources de droit: une relation nouvelle entre la loi et l'accord collectif*, Dalloz (rec.), 1972, Chr. XXXIX, 253-260

WIEDEMANN, Herbert – *Tarifautonomie und staatliches Gesetz, in* FARTHMANN / HANAU / ISENHARDT / PREIS (Hrsg.), *Arbeitsgesetz und Arbeitsrechtsprechung, Fest. Eugen STHALHACKE*, Neuwied / Kriftel /Berlin, 1995, 675-692

XAVIER, Bernardo da Gama Lobo – *Sucessão no tempo de instrumentos de regulamentação colectiva do trabalho e princípio do tratamento mais favorável ao trabalhador*, RDES, 1987, 4, 465-512

XAVIER, Bernardo da Gama Lobo – *Alguns pontos críticos das convenções colectivas de trabalho, in* A. J. MOREIRA (coord.), *II Congresso Nacional de Direito do Trabalho. Memórias*, Coimbra, 1999, 327-344

XAVIER, Bernardo da Gama Lobo – *Curso de Direito do Trabalho*, I – *Introdução. Quadros Organizacionais e Fontes*, 3.ª ed., 2004

ZANOBINI, Guido – *Corso di diritto corporativo*, Milano, 1937

ZÖLLNER, Wolfgang – *Das Wesen der Tarifnormen*, RdA, 1964, 12, 443-450

ÍNDICE GERAL

Nota Prévia 7

Abreviaturas e outras indicações de leitura 9

PARTE I
Sumário da Lição

§ 1.º – Considerações preliminares 15

§ 2.º – Sumário 19

PARTE II
Desenvolvimento da Lição

§ 1.º – Introdução 23

  1. Contextualização do tema da Lição 23
  2. Delimitação geral do fenómeno da negociação colectiva atípica 24
  3. Importância do fenómeno da negociação colectiva atípica e justificação da sua escolha como tema da lição 25
  4. Problemas dogmáticos colocados pela negociação colectiva atípica (enunciado) e sequência da Lição 27

§ 2.º – Surgimento e Delimitação Geral da Negociação Colectiva Atípica 29

  5. Quadro de surgimento da negociação colectiva atípica 29
    5.1. Surgimento e delimitação geral da contratação colectiva (excurso): I. O surgimento e a razão de ser da negociação colectiva; II. O protagonismo sindical na contratação colectiva; III. O conteúdo da convenção colectiva de trabalho; IV. A eficácia da convenção colectiva de trabalho nos contratos de trabalho 30
    5.2. Panorama actual da contratação colectiva: a crise da negociação colectiva tradicional: I. O desenvolvimento da contratação colectiva sob a égide do princípio da liberdade sindical: o pluralismo sindical e a multiplicidade de convenções colectivas de trabalho; II. Os princípios de autotutela dos instrumentos de regulamentação colectiva do trabalho; III. Os efeitos perversos das regras de preservação das convenções colectivas de trabalho: o imobilismo e a crise da negociação colectiva na actualidade 41

150   *Negociação Colectiva Atípica*

6. Desenvolvimento e caracterização geral da negociação colectiva atípica   55

6.1. O desenvolvimento da negociação colectiva atípica como forma de ultrapassar os impasses na contratação colectiva tradicional: I. Aspectos gerais; II. Delimitação do fenómeno da negociação colectiva atípica em sentido estrito relativamente a outras experiências de «negociação» não sindical no seio das empresas; III. Experiências nacionais de negociação colectiva atípica em sentido estrito: o *case study* da Autoeuropa (descrição); IV. Conclusões do *case study*   56

6.2. Conceptualização dos fenómenos da negociação colectiva atípica e do acordo colectivo atípico (conclusões)   70

§ 3.º – Problemas Dogmáticos da Negociação Colectiva Atípica   73

7. O problema da admissibilidade da negociação colectiva não sindical   73

7.1. Posicionamento do problema em face do ordenamento jurídico nacional   73

7.2. Entendimentos possíveis: apresentação e apreciação crítica: I. Os argumentos constitucionais contra a admissibilidade dos acordos colectivos atípicos; II. Os argumentos em favor do reconhecimento do direito de contratação colectiva a entidades não sindicais de representação dos trabalhadores; III. Apreciação crítica   74

7.3. Posição adoptada: I. A inadmissibilidade de qualificação dos acordos colectivos atípicos como nova categoria de instrumentos de regulamentação colectiva do trabalho; II. Os acordos colectivos atípicos como negócio jurídico e manifestação diferenciada da autonomia colectiva?   83

8. O problema dos parceiros negociais do acordo colectivo atípico   86

8.1. A representação dos trabalhadores na negociação colectiva atípica pela comissão de trabalhadores: problemas colocados   86

8.2. O problema da personalidade jurídica da comissão de trabalhadores: I. A situação no âmbito da Lei das Comissões de Trabalhadores; II. A situação no âmbito do Código do Trabalho   87

8.3. O problema da capacidade da comissão de trabalhadores para a outorga do acordo colectivo atípico: I. Colocação do problema; II. A possibilidade de intervenção das comissões de trabalhadores na contratação colectiva por delegação das associações sindicais; III. Posição adoptada   89

9. O problema dos efeitos do acordo colectivo atípico na situação juslaboral dos trabalhadores da empresa   97

9.1. Enunciado do problema: a inadequação das teorias explicativas da eficácia normativa dos instrumentos de regulamentação colectiva do trabalho em sentido próprio ao acordo colectivo atípico   97

9.2. Posição adoptada: I. O nexo de representação entre os trabalhadores e a comissão de trabalhadores (caracterização geral); II. A insuficiência do nexo geral de representação da comissão de trabalhadores para fundamentar a aplicação do acordo colectivo atípico aos trabalhadores da empresa; III. Conclusões: a exigência de um mandato específico para a outorga do acordo colectivo atípico ou da sua ratificação pelos trabalhadores para a produção de efeitos na esfera de cada trabalhador ...   99

Índice

9.3. Os limites da vinculação dos trabalhadores pelo acordo colectivo atípico: I. Enunciado do problema; II. Posição adoptada: a possibilidade de afastamento individual do acordo colectivo atípico pelo trabalhador; III. O âmbito do direito de oposição do trabalhador ao acordo colectivo atípico; IV. Aspectos procedimentais: o modo de oposição do trabalhador ao acordo colectivo atípico 106

10. O problema das fontes: o acordo colectivo atípico, a lei e os instrumentos de regulamentação colectiva do trabalho em sentido próprio 111

10.1. O acordo colectivo atípico e a lei: possibilidade de derrogação da lei pelo acordo colectivo atípico? I. Posicionamento do problema; II. Posição adoptada 111

10.2. O acordo colectivo atípico e os instrumentos de regulamentação colectiva do trabalho tradicionais: I. Problemas de hierarquia ou problemas de concorrência?; II. Problemas de sucessão 113

11. O problema da natureza jurídica do acordo colectivo atípico 118

11.1. O acordo colectivo atípico como fonte laboral: I. A distinção entre fonte em sentido formal e fonte em sentido material; II. O acordo colectivo atípico como fonte laboral em sentido material 118

11.2. O acordo colectivo atípico enquanto contrato 121

11.2.1. Aspectos gerais: I. Elementos essenciais e pressupostos do acordo colectivo atípico enquanto contrato; II. O problema da qualificação do acordo colectivo atípico enquanto contrato 121

11.2.2. A qualificação do acordo colectivo atípico enquanto contrato (entendimentos possíveis): I. O acordo colectivo atípico como contrato celebrado com recurso a cláusulas contratuais gerais; II. O acordo colectivo atípico como contrato a favor de terceiro; III. O acordo colectivo atípico como contrato celebrado por representante e como um caso de gestão de negócios 124

11.2.3. Posição adoptada: o acordo colectivo atípico como contrato *sui generis* com natureza normativa; I. As premissas da construção; II. A justificação da qualificação do acordo colectivo atípico como um contrato normativo 132

§ 4.º – **Conclusões Gerais** 137

Bibliografia 141

Índice Geral 149